我們都是有緣人

慧心齋主

祝福天下所有人都能善待自己與他人。

——慧心齋主

第二章 諸星彼此之間的關係……097

序章

人際關係與命運

首先先讓大家知道，這本書在說些什麼：

第一項：自己與自己的關係。

第二項：自己與別人的關係（一、二項合稱人際關係）。

第三項：凡是由人（包括自己與別人）造成的所有事情的命運現象。

第四項：針對前三項，提供趨吉避凶的腦力激盪。

用紫微斗數的角度來看，第一、第二項可由「命宮」中的星曜表達。我們將在下一章進行解說。

第三項由交友宮的星曜所展現，我們將在第二章解說。

第四項是透過了解自己，藉著四化星，對照本書所提供的趨吉避凶的建議，（外加自己激發出來的點子）調整命運，將在第三章進行解說。

另外，基於一般人對於愛情或婚姻可能有些投射，特別提出於第四章討論。

所有本書的解說，都在試著與大家共同溝通。

❶我們可以因著自己的個性，習性、行爲模式，引申演變出個人部份命運。

❷因我們的個性或行爲模式造成人與人間互動的方法，以及互動之後所帶動的命運。

所以，這本書的主旨在說——從自己開始所產生與人際有關的命運。既然個性或習性可以由自己調整，當然也有機會因著自己的努力，調整成最佳狀態，進而帶動人生其他各種運氣。

接下來，我以王先生的命盤爲例，一來作爲本書所有章節解說的參考，二來則提供趨吉避凶的腦力激盪。

特別聲明的是，關於王先生的命盤解說以及趨吉避凶的建議，並不詳盡，外加趨吉避凶有很大的空間，所以在這裡提供給讀者們參考的方向是「可以這樣運用或解釋」，而非「如果我跟王先生命盤差不多，就會跟他一樣」。而有關趨吉避凶的腦力激盪，歡迎讀者來信討論。

紫微旺 七殺平 陀羅陷 三台 破碎 封誥 華蓋 財帛宮 44-53 己巳 白虎 力士 長生	祿存 火星廟 天才 天德 咸池 紅鸞 陰煞 解神 子女宮 34-43 庚午 劫煞 天德 博士 養	擎羊廟 文昌平 文曲旺化忌 寡宿 天刑 夫妻宮 24-33 辛未 災煞 弔客 官府 胎	天鉞廟 地空廟 天廚 天煞 兄弟宮 14-23 壬申 病符 伏兵 絕 截路
天梁旺化科 天機廟 疾厄宮 息神 龍德 54-63 戊辰 天使 青龍 沐浴	己酉年十一月十六日卯時 陰男 金四局		破軍陷 廉貞平 天貴 恩光 八座 天哭 台輔 天官 命宮 指背 4-13 癸酉 歲建 大耗 墓 空亡
天相陷 天虛 空亡 身宮 遷移宮 64-73 丁卯 歲驛 大耗 小耗 冠帶			天空 天月 父母宮 114-123 甲戌 咸池 晦氣 病符 死
巨門廟 太陽旺 左輔 地劫平 月德 天巫 天福 交友宮 旬中 攀鞍 74-83 丙寅 小耗 天傷 將軍 臨宮	貪狼廟化權 武曲廟代祿 鈴星陷 華蓋 風閣 龍池 事業宮 84-93 丁丑 將星 官符 奏書 帝旺	太陰廟 天同旺 天魁旺 右弼 天壽 天喜 田宅宮 94-103 丙子 亡神 貫索 飛廉 衰	天府旺 天馬平 蜚廉 孤辰 天姚 福德宮 104-113 乙亥 月煞 喪門 喜神 病

以下透過故事——「王先生的一天」，來說明「人際關係無所不在」。

07:00~09:00

今年三十五歲的王先生起床了，身邊妻子曉芸還正熟睡，他輕輕親吻嬰兒床上的兒子小寶。每天早上他一定會親吻他，覺得一天的動力就是因爲小寶而生。梳洗過後，妻子也起床了，跟母親一起張羅早餐，不久父親與妹妹也陸續出現，各自用了一份三明治、飲料，一家人開始活動。

王先生搭捷運上班。因爲任職廣告公司經理，養成觀察大眾的習慣，所以在車上看別人的衣著打扮、行爲舉止。

09:00~11:00

進入辦公室的第一件事是開電腦，沒多久就有朋友跟他說哈囉，MSN上有簡單互動，接著他查資料，把屬下找來開會。

張小姐今天的企劃案做的不錯，也許可以給公司帶來新業務，他給她建議與鼓勵。

11:00～13:00

有客戶來訪推銷產品，也有人來洽談生意，希望替一種茶葉做行銷，王先生覺得這個案子很有挑戰性，做的好會很有成就感，因爲較少人在爲某種茶葉做電視廣告。

13:00～15:00

跟老闆共進午餐，接到妻子來電，跟兒子小寶打聲招呼後，感覺有點昏沈，所以託同事買杯咖啡，又在MSN遇到朋友相約晚上吃飯。

網路上看到一本關於脊椎健康的建議，打電話去詢問，得到很具體的答案。

15:00～17:00

開另一個業務會議，看李先生做的圖稿，他一直不太喜歡李先生，這個人太悶，所以年底升級，大概不會考慮他，除非他能徹底改進。

17:00～19:00

繼續工作，下班，走進捷運站打算搭捷運赴約，打電話給妻子，又跟小寶隔著電話互通有無，小寶還不會說話，但是記得他的聲音，那一剎那，他們的心是相通的，他喜歡這種感覺。

19:00～21:00

David是王先生的高中同學，他們共進晚餐，談到學生時代種種，最後考慮是否夏天一起出國度假。回程買了一張樂透，動機是中了獎也許可以當出國旅費。

21:00～23:00

回家跟父母、妹妹一起看電視，討論男主角的演技，幫忙妻子給小寶洗澡，在床上躺了一會兒。

23:00～1:00

刻意躲開家人，思考兩個問題。

❶他覺得李先生太悶，也許是自己主觀投射——認爲個性很悶的人不適合做廣告工作。但也許是李先生最近有什麼心事，所以決定明天跟他好好談談，畢竟

李先生有廣告專長。

❷每次想出國旅遊，都礙於小寶太小，又覺得夫妻倆一起出門，丟下父母不管，有點歉疚，其實父母應該不會怪他才是，所以他上網查資料，打電話給David，告訴他決定還是不約父母去旅遊。

這是一個平淡常見的都會人的一日生活，平淡到我們不會去留意到這些以紫微斗數分類的人生十二種現象——兄弟姊妹、夫妻、子女、財帛、交友、疾厄、遷移、事業、田宅、福德、父母等，與人所有的個性習性、行爲模式，以及人際互動，息息相關（請參考下表）。

簽樂透，中了也許可當家人出國旅費（為了家人旅遊簽樂透）。 （財帛宮 巳）	❶與兒子小寶的關係。 ❷給張小姐的鼓勵。 ❸覺得李先生太悶。 （跟子女、屬下關係良好） （子女宮 午）	與妻子曉芸的關係。 例如：帶他出國旅遊，幫忙給小寶洗澡（跟妻子關係良好） （夫妻宮 未）	跟妹妹討論男主角演技。 （跟妹妹有共同話題） （兄弟姊妹宮 申）
打電話諮詢脊椎問題得到具體答案。 （遇到樂意幫忙的人） （疾厄宮 辰）	王先生 民國五十八年十一月十六日		❶自己跟自己的關係。 ❷自己的個性與投射、表達。 （命宮 酉）
❶夏天出國旅遊時的人際關係。 ❷出門搭捷運觀察乘客。 ❸出外人際關係正常。 （遷移宮 卯）			跟父母的關係。 （父母宮 戌）
與David及其朋友的人際關係與同事人際關係。 例如：託同事買杯咖啡，同事也樂意。 （交友宮 亥）	在辦公室接洽公事，與客戶的互動狀況。例如：覺得做茶葉廣告的案子很刺激。 （事業宮 丑）	與家中與辦公室，或是跟朋友David去的餐廳的人際關係（例如：在餐廳跟朋友相談甚歡） （田宅宮 子）	晚上刻意躲開家人與自己獨處，並思考。 （福德宮 亥）

一天，是一生的某階段小縮影，其中除了可見自己與自己以及他人的關係，一生，也充滿了各種人為造成的人際關係。這些人際關係也影響命運。

事在人為，因此命運也有許多人為的成份。瞭解自己，以及自己與別人的關係，對命運將有整理、疏通、加分、趨吉避凶的效果。而這也正就是本書最大的重點。

第一章

諸星在命宮的意義

在這一章，我們來談談「自己與自己的關係」，以及「自己與別人的關係」。這些都可由命宮中的星曜來了解。

命宮顯示一個人的所有想法、觀念、個性以及由其帶動出來的行爲模式與行爲模式所帶動的命運現象。

紫微斗數將我們所有的想法及其引申出來的行爲模式，分爲十二類探討，分別是兄弟姊妹、夫妻、子女、財帛、疾厄、遷移、交友、事業、田宅、福德、父母連同命宮，共爲十二宮位。而命宮負責總其成，也可說是總摘要。由命宮與其他十一宮位連線，可以了解其他各種現象（請看拙作《紫微斗數訢詮》、《紫微斗數看命宮》）。

在本章中，將會敘述每顆星曜坐在命宮時所展現的「自己與自己」以及「自己與別人」的關係（命宮沒有甲級主星時，請以對宮星曜爲命宮星曜）。

不過，在對照解說之前，我們先解釋什麼是「自己與自己的關係」，以及「自己與別人的關係」。

自己與自己的關係，可說就是自己對待自己的方式，可分成正面與負面。

※正面

❶知道自己在想什麼，不欺騙自己，在精神或心靈上給自己關懷、鼓勵、安慰，通常這種人不易孤僻，不怕寂寞，有良好的人際關係的基因。例如，在沮喪時卻能不受情緒影響，繼續工作。並且跟自己說鼓勵的話：你已經盡力了。

❷在物質上或身體上，時時注意並照顧自己。例如，知道自己怕冷，因此給自己買又輕又暖的衣服，平時也注意飲食與保暖。

※負面

❶常有負面情緒或想法，例如：恐懼、擔心、憤怒、懷疑、驕傲、貪心、不信任。不太會處理自己的負面情緒，或是沒發現自己負面想法較多。

❷有負面想法或情緒，又繼續以負面想法對待自己。

例如：遺失了一張信用卡，心情不好，雖然已經辦了掛失，但卻還是不斷擔心抱怨。連續多日心情不佳，又怪自己太不小心，繼續以負面想法對待自己。

關於自己與別人的關係，又分正面與負面兩種：

※正面：

❶待人眞實誠懇。朋友需要幫忙時，會盡力協助。

❷可以眞實婉轉的說贊成或拒絕他人的話，也能以替大家良好關係著想的心態，眞實的表達自己受到傷害的部份。表達之後也不會傷害到對方。

例如：王先生跟妻子曾經吵架，妻子回娘家之後，王先生去接她，並告訴妻子：「我那天一時衝動，沒有先理清楚自己想說的話，只是用情緒去跟妳互動。其實我眞的要說的是：妳用那種口氣跟我說話，我以爲妳不愛我，不珍惜我了，我很擔心，但我卻用急躁的言詞來表達擔心，因此口不擇言。」

※負面：

❶跳過內心眞實的第一念而不自覺。例如：以「憤怒」來表達想法，但其實最眞實的第一念是因爲感到「委屈」。

❷壓抑第一念而表現另一種想法。例如：到朋友家作客，明明很想喝可樂，但朋友問：「想喝些什麼」時，卻只說「不用麻煩了。」

❸自覺或不自覺的說反話。例如，跟男朋友吵架時說：「我再也不要看到你。」結果男友從此不再出現，或是知道自己說反話，雖然後悔但卻放不下身段表白，或是不自覺在說反話而傷心哭泣，認爲被男友莫名其妙的遺棄了。

以上種種行爲模式所造成的人際關係，是不順暢、不眞實的，由諸星的負面意義與化忌星負責表現。

❹把自己的想法投射給他人而不自覺。例如，王先生本來要娶Amy，Amy年紀比他小十歲，王先生怕她將來無法適應跟公婆同住的大家庭，所以放棄。Amy其實可以適應大家庭，但是王先生的擔心，以及自己的認同，投射爲Amy不能適

應。

我們每個人可能在有些時候或是在某些事件上爲前述現象的綜合體，例如有時或對某些人清楚客觀，沒有自我投射，有時則也可能會對特定對象發點小脾氣。本章對諸星的形容解釋，是希望讓每位讀者讀表後都有「啊！原來是這樣」的了解，讓自己的念頭想法轉爲正面，讓自己身心愉快，讓與人有關的事情皆順利圓滿。

▼諸星坐在命宮的人際關係

紫微斗數有一百一十五顆星曜，其中甲級星曜有二十八顆，分別爲十六顆主星，六顆吉星，六顆煞星。另有四顆化星。其餘分別爲乙、丙、丁、戊等四級。由於丙、丁、戊級星力量較有限，本書只介紹甲級星與乙級星。

第一系列諸星》》

指紫微、武曲、廉貞、天府、天相、七殺、破軍、貪狼八顆星。因為紫微、武曲、廉貞三星，以及天府、天相二星，還有七殺、破軍、貪狼三星，在命盤中永遠互相會照，所以列為同一系列，為與其他系列區別，故稱為第一系列。「第一系列」之名稱，只為日後解說方便。

紫微星

紫微星坐在命宮時，使人喜歡尊貴、需求尊貴，也自然尊貴。其面對人際關係的方式，除了「希望獲得朋友的尊重」，有時也會推崇、肯定他人。

在星曜之間，紫微星有帝王之貴，於朋友間，紫微星是師長之尊，自然會吸引一些遇事喜歡多聽他人意見，喜歡「大哥型」朋友的人來稱兄道弟，而「紫微大哥」除了給予朋友精神上的安慰、指導之外，在財物上往往也不吝惜，經常發揮通財之義。

指導別人的大哥，自己也需要朋友，紫微星因天生好面子，可能把自己的問題、困擾壓下來，當然也有一、二知己可以談心，也許談心時，自覺見不得人之處，未必完全表達。

如果兄弟姊妹、配偶子女也屬廣義的朋友，那麼「這些」朋友所受的待遇，有可能遠不及一般朋友。紫微星有較多的機會，在「這些」朋友面前表現自己的眞面目，其對待朋友的眞面目本是樂於分享自己的快樂、體會，並樂於告訴朋友如何去得到快樂，並從朋友的支持、認同中，肯定自己的尊貴與領導能力，或滿足領導慾望，只是有時或有些會照煞星的紫微星，在兄弟姊妹、配偶子女面前，因得不到認同，得不到尊重而覺得苦惱。

歷經一生的學習，或是階段性體會，紫微星多可以尊重並包容自己與他人，並顯現在人際關係中。

武曲星

武曲星的基本意義是「財礦」，又有財源、財力二種意義，因此可以引申爲武曲星坐命宮的人願意落實的處理人際關係，也因此打下良好人際關係的基楚。至於是否要擴大人際關係，與哪類人交往，武曲星可以把握、控制得很好。

大部份武曲星坐命宮的人在交朋友的時候，開創與保守兼而有之。武曲星不排斥新朋友，也並不刻意逃避一般的應酬，亦多不願當面批評別人，或背後論人是非。有時雖然會與背景複雜的人往來，仍然持有保守的態度。不過即使有志同道合的朋友，也未必長相往來。

武曲星的交友態度，很容易讓人看得出來，也能夠得到多數人的信賴，願意與其交往。通常也易予人「保守穩重」、「分寸把握拿捏得當」的印象。

儘管如此，不瞭解武曲星的人，或也因此認爲此人「無法交換內心秘密」的感覺，如果還有其他星曜同宮會照，或予人心胸開闊，待人亦小心謹愼的印象。

其實武曲星坐命的人，天生不會存任何壞心眼，也不曾想要算計任何人，開創時的保守，是爲了保護自己，不涉及太複雜的環境，使開創的過程不旁生枝節，確保其能力集中，以便開創。

這種本質，使大多數武曲星得以實際又具行動力的方式處理自己心中的感覺，並顯現在人際關係中。

廉貞星

廉貞星的基本意義是「表現」，在人生的舞台上，能成爲一名傑出的表現者，或表現自己的傑出。能適應需要，製造出各種人際關係。

古代婦女沒有自由戀愛，但年輕貌美的富家千金，能在遇到自己喜歡的對象時，丟出手帕引起對方的注意及追求，已是「表現」的高度表現。現代社交公開，廉貞星坐命的女性，更懂得以退爲進的方式，讓心目中的白馬王子飛奔而至。

環境與時間似乎不會成爲廉貞星坐命者人際關係的障礙，交際場合中，男士們由陌生至熟稔，彼此以勸酒、相互讚嘆等種種方式拉近感情，許多平時不一定能溝通的問題，在彼此有心製造友誼的狀況下，都得以解決。

以交際應酬的方式解決問題是貪狼星的專長，彼此之間共同製造友誼氣氛，並且隱惡揚善是廉貞星的本事。通常廉貞星很清楚知道自己在做什麼，也很清楚知道自己在這樣的氣氛或方法下，解決哪些問題，甚或是應對方的要求而答應了某些事，表面上看來可能是一時失察所做的決定，其實可能是每一個人都明白將會有的結果。

廉貞星是人際關係中的長才，絕大多數的人也了解自己有這方面的天分，儘管交友廣闊，或黑白兩道皆有所來往，或在各種狀況下製造各種氣氛，廉貞星都能清楚的知道自己與什麼樣的人交往，清楚自己內心究竟在想什麼。

廉貞星可能會有很多製造出來的好人緣，或也使他人有類似的認同，也有時使他人有「抓不住、看不清」的想法。其實廉貞星一切出自眞誠，所有的努力是爲了結交朋友，皆大歡喜。只是可能有些廉貞星一時不查，沒有及時面對並瞭解自己而已。

若當別人不了解廉貞星時，怕是廉貞星自己也覺得委屈。歷經學習與體會，廉貞星將能成為懂得內外兼顧的知己朋友。

七殺星

七殺星的基本意義是「將」，又同時有「聽命而行，衝鋒陷陣」、「肩負重大責任」，以及「獨自面對承擔」、「變化」等四種意義。

戰場上的大將軍，表面上看來威風八面，其實內在有許多不為人知的苦楚，七殺星肩負著子弟兵、百姓的生死存亡大任，以及皇帝所交付的重責，卻在明知可能戰敗的時候也要一決死戰，這樣內在的矛盾與複雜，皆要以勇敢及果決的外在行為來取代並表現。

七殺星坐命的人，易是肝膽相照的好友，他可以為朋友兩肋插刀，不顧個人利益。這樣偉大的情誼，可以交到知己好友，卻也因為大運流年的變化，不是每一個人能夠了解七殺星的本意。

七殺星的聰明與傑出，也使其善擇朋友，不是談得來的，未必會時常接近。而人生旅途中，完全像自己一樣的，又能找到幾個呢？

七殺星並不是不能周旋於人群之間，也並非不具備良好人際關係的基因，只因為自己的獨特個性，感覺到與人有疏離感，在戰場上必須獨斷獨行，不能奢求任何知己朋友，人際關係中也可能會自然保持戰場上的習慣，談笑間或帶著些叫人難以覺察的幾許落寞。

了解七殺星的人多知道其實他是性情中人，不了解七殺星的人或覺得此人稍帶著小小的、像傲氣又非傲氣的傲氣，難以接近等等；其實七殺星未必有這種想法，只是認同人生如戰場，他有時必須獨立些，才能生存，才能達成任務、表現完美。

歷經學習與體會，七殺星可以在獨立與自我承擔以及與他人共享心事中平衡，結交知己好友。

破軍星

破軍星好比敢死隊，是以前進爲唯一目標，不顧後果的一顆星曜。

破軍星坐命的人，在人際關係中，通常有機會言人所不敢言或不會言，做人所不願或不能做。

深藏不露、欲言又止、拐彎抹角，這種處理人際關係的方式，不易發生在破軍星的身上。絕大多數破軍星坐命者，會予人豪爽直接，但又心細的兩面極端感覺，這也是破軍星的本質之一。

破軍星能很豪爽的答應朋友的要求，也會仔細地盡力完成。在爽快答應的同時，已經快速衡量自己是否能夠做到，即使不能做到，既然答應也會盡量實現諾言。對自己的承諾全力以赴，不論複雜或簡單、有無阻礙在前，破軍星都不在意，畢竟重要的是前進與完成。

破軍星若交到知己，秉獨夜遊、促膝談心之中，還充滿豪邁之情。與朋友間既知心又講義氣，是破軍星所期待的人際關係。有時甚至把「兄弟」之情，放在其他各種人際關係之上。這裡的「兄弟」，指的是朋友，但破軍星願意把所有的朋友，都視爲親兄弟般。

破軍星未必會要求自己有廣泛的人際關係，但卻很可能自然因環境安排而認識很多朋友。通常破軍星會有所揀選，其選擇的對象，也多如自己般，不但豪邁有勇氣，還有溫柔及具同情心的一面。

破軍星追求完美，因此稍有瑕疵就會著急。若擇善固執，則有時不易溝通，加之以有些個性偏屬於急驚風類型，與慢郎中自易有不同的見解。只要認清這一點，各司其職，又會成爲好友。

歷經學習與體會，破軍星將可以有長久亦體貼的知己好友。

貪狼星

貪狼星的基本意義是「檢討」，檢討有事前評估與事後檢討兩種性質，貪狼星坐命的人多能將這種特質發揮於人際關係中。

貪狼星有機會在較複雜的人際關係中生存。所謂複雜，包括在交際場合中遇到各種不同個性的人，以及與自己完全陌生或性情相反的人相處，甚或還要面對一些多角關係；還有些剪不斷、理還亂、情緒心思皆複雜、反覆的朋友，使其人際關係如同戰場，可能因此要提防是否中了埋伏、或踩到地雷，唯有事前評估，才能百戰百勝，也必須在失敗之後，加以檢討，才能保命成功。

「多交際應酬」、「好煙酒詩賭」，是被用來形容貪狼星人際關係的詞句，也是能爲旁觀者所接受的現象，不過「戰場」、「地雷」、「埋伏」、「戰果」，卻是比較近於當事者心態的表達方式，這些予人負面感覺的表達，爲要說明貪狼星所處人際關係複雜到自己完全難以預料，即使事前評估，也難測一二，就算事後檢討，也未必有濟。

當事人幾乎不清楚是先有複雜人際關係，而認爲必須評估、檢討，或是因爲評估、檢討，使人際關係趨於複雜，以及究竟是因多交際應酬，才有機會接觸各不同種類的人等，還是本有人緣，故多有機會交際應酬。

無論如何，歷經學習與體會，就算是沒有機會接觸很多人，也會在簡單的團體中，發現人生善面、惡面、多面，並練就出一身不為善惡所動，以及雖不一定要在交際場合中，卻也表現得八面玲瓏的本事，不執著亦不認同任何一種人際關係，也就有了真正面面俱到、複而不雜的人際關係。

天府星

天府星的基本意義是「庫」。我們可以比喻庫是一個房間，有一個門，而門始終關著，可以放很多東西。

庫之所以能夠成為庫，是因為有東西可放，而庫的意義是要守住存放的東西，天府星因此能予人有料、紮實、穩重、保守等印象。

絕大多數的天府星在人際關係中，採取守多於攻的姿態，當別人伸出友誼之手時，天府星也會有所回應，未必很主動去擴展自己的人際關係，也可能抱著人不犯我，我不犯人的心理，雖不能廣結善緣，也不易結惡友。

路見不平拔刀相助的言語行爲，不太容易在天府星坐命的人身上找到，但「你有求而我會幫助」，卻是天府星願意遵守的原則。亦守亦攻的人生哲學，使天府星坐命者，人際關係中不易有是非，閒言閒語經過天府星這扇門，就守住了。

朋友貴在精而不在廣，是天府星對人際關係的認同，除非其所從事的工作與大眾有直接的關係。雖然如此，還是可以在複雜的人際關係中，保持單純的一貫原則——不害人、不傷人、不製造是非。

天府星易有三五知己，而且可能是終身的朋友。即使兩地相隔，仍互不相忘。其所認同的知己，頗易與自己一樣，有著保守、誠實、穩重的個性及做人的原則。

歷經學習與體會，天府星的人際關係一如其本質般穩定，並且體會到人際關係箇中三昧，以不與人爭較，能做多少就盡多少力的方式結交朋友。

天相星

天相星的基本意義有「誠信」與「平衡」兩種性質，天生予人平衡、穩定的感覺，因又有樂於助人的個性，故具良好人際關係的基因。

有人給天相星取了「管家婆」的綽號，不但自己的事情要管，也喜歡管別人的事，幾乎大小事都不遺漏。管家婆最喜歡做的，是把自己認同的事告訴大家，與大家分享，有時會以主動、週到的方式實行，例如覺得某部電影很好看、某種飲料很好喝，則會買好票帶朋友去看，或是親自把飲料帶給朋友喝。

天相星是人人公認的好人，亦在紫微斗數人際關係排行榜中名列前茅，雖然太陽星、太陰星、天府星、左輔星、武曲星、化祿星、天馬星也有好人緣，但以天相星最能以分享的態度廣結人緣，能以行善的觀念落實運用於生活中，故易使他人認同爲好人。

好人，一不小心可能會被誤爲濫好人，所謂濫好人是不分青紅皀白，有忙必幫，因爲心地善良，加上以助人爲樂，則有時沒有考慮後果，或未辨別對象的善惡，若愈幫愈忙，或是好意被誤會，於天相星也將是很好的學習，並平衡自己的待人態度。

其實天相星在助人時一本惻隱之心，並非完全沒有考慮到對象的狀況；有時甚至明知對方言行未必正確、合法，也有相助感化之心。天相星因不太時常考慮對方是否值得幫忙，故其大腦記憶磁庫中也沒有「濫好人」這等觀念、名詞；倒是午夜夢迴，發現極少數的人，以不在乎或扯後腿的方式回報自己，不由心灰意冷，不過失望於天相星是短暫的，歷經學習與體會，「助人爲快樂之本」，或許將成爲其永恆的座右銘。

第二系列諸星》》

指太陽、天同、天機、太陰、巨門、天梁六星。前述太陽、天同、天機、太陰、巨門、天梁諸星在命盤中皆有固定的位置配合，例如天機星永遠與天同星會照，太陰星與永遠與天梁星會照，為解說方便，故稱為第二系列諸星。

太陽星

太陽星的基本意義是太陽的光明，又可解釋爲白天的光明以及父性的光輝兩種意義。太陽星坐命的易有良好的人緣，主要是因爲太陽的光明，不分彼此你我，東南西北，一概照耀，引申爲公平、熱情、博愛，太陽星不揀選的特質，因爲內心深處並沒有分別、取捨。亦談不上「來者拒或不拒」，因爲太陽星的本質是給予，也不管別人是否要來。

基於這些特質，太陽星本應是人際關係中的最優者，不過由於此星高高在上，加之以人人需要太陽的光明，無形中也提升了其地位與知名度。若有良好人際關係的同時，太陽星也有機會被賦予崇高地位、父性、長輩，或是主導者。

太陽星有機會與各種人結緣，心思敏感細緻，行爲卻可能豪邁不拘，落限或化忌時的人際關係有時也呈現兩極變化，原來對太陽星看不順眼，恨極了的人，可能因一件事而扭轉乾坤，成爲仰慕太陽的對象，而本來的知己朋友，卻也有可能因誤會而翻臉成仇，若回想自己熱愛朋友的初衷，則能夠重新建立人際關係，活出自己。

歷經學習與體會，太陽星可稱職的表現他博愛、廣大、光明的人際關係。

天機星

天機星被古人賦予「善」的定義，因爲這顆星曜沒有任何想要害人的居心，甚至不知道還有計算別人、害人這回事。

天機星的特質是學習、變化、保持生命與生活的新鮮，引申出通達權變、智商一八〇的外在現象。

一個聰明靈巧，又沒有壞心眼的人，頗容易有好人緣，其聰明運用的方向，偏向學習新知識、技術。

天機星有連絡、溝通的能力，所以很自然的在人與人間搭起橋樑，而且愈搭愈廣，只要心存善念，就稱得上廣結善緣了。

紫微斗數中有些星曜的性質與意義差別較大，例如擎羊星在意效率，天同星懂得休閒，若在同一工作單位，或容易互看對方不順眼（幾乎每顆星曜多少都有支者與不太認同者出現），只有天機星較少遇到反對的聲音，主要是此星不願意得罪人，不喜歡爭執，遇到不好的場面，能夠學著輕鬆地調整、處理，尤其是歷經學習與體會之後，更能認同廣結善緣的意義，並實際實行。

天同星

天同星在交朋友方面，能夠隨順自然，但因爲這顆星曜懂得休閒放鬆的意義與重要，所以通常天同星易與注重生活享受、精神內涵的人常相往來。或自然影響、提醒他人注意生活品質。

基本上天同星對朋友是不加揀選的，有緣則聚，分散時也較會處理離情。有福氣的人多少具有寬大心胸的基因，不易有不足的感覺，故也不會特別去結交某些朋友。

由於前述特質，有些人覺得天同星自然可愛，樂於主動親近，也有些人冷眼旁觀，以爲此星忙著爲自己製造享福的機會及環境，把朋友放在第二位，或有人初見天同星，覺得似乎易於親近，日久則可能只顧自己，或是一開始看此人只知享受，愈看愈覺對方隨和，其實也可交朋友。

不管別人怎麼看，天同星自知有豐富的同情心、秉性寬厚，也願意爲他人服務，只不過有時「障礙」、「挫折」一起出現，就會停止正在進行和行動，或是雖有助人之心，一旦想到實際行動很麻煩，就裹足不前，天同星心中並沒有絲毫「自私」的想法，也絕不是「懶惰」，只是懂得生活需要調適。

要與天同星交朋友，必先瞭解其「享受」背後意義。表面上看來物質部份似乎很重要，實際上精神層面超越一切。天同星很清楚自己在享受，以清楚爲基本，感覺那種有點溫暖，似被包容、愉快，又有說不出的安定舒適滿足。如果有任何狀況會破壞這種感覺，天同星或因此有些不願失去的不安。

天同星經常在物質或精神生活中找尋，製造這種感覺，也會拉著朋友參與，與天同星一起享受，還眞有福氣呢！

太陰星

太陰星的基本意義是月光的光明，又含有夜間的光明及母性的光輝兩種意義，太陰星坐命的人，幾乎天生不知道要排斥朋友，也沒有廣交天下英雄好漢的企圖，人際關係中的態度隨緣自然。

太陰星的隨緣是大多隨著環境結交朋友，自然則是自然於對朋友展現關懷、體貼，隨緣的態度使太陰星具有良好人際關係的基礎，自然的展現，多使人樂於接近。未必尋求實質的物質幫助，但願意在傾訴心事的過程中，傾訴者釋放了心中的負面感覺，也有機會整理並看清自己的問題。

太陰星有時能使朋友不覺有壓力、被批評，甚或感覺得到了幫助，這種精神上的安定感，遠超過物質層面，更何況精神安定之後，易有較好的處理問題的能力。

太陰星與太陽星一樣先天具有好人緣的基因，但並不愛特別展示，對離別聚散，也不格外強化，儘管與朋友也可能有爭執，最後多能以包容、體諒的心處理，雖也要面對生離死別，但是太陰星是由月圓月缺的變化中體會到，有聚即有散，久分之後必合，自然現象也好，天下大事也罷，都在反應無常，於無常中自在，也能面對各種人際關係。

巨門星

巨門星的基本意義是「傳達」，傳達又有表達及疏通兩種性質，因此巨門星多以「口」來形容，有口就有話，此星亦被用來解釋說話所產生的結果，或是辯才無礙，或是禍從口出。

巨門星坐命的人不排斥朋友，多也以其口才應用於人際關係，天生有傳達、協調的能力，從無招惹是非口禍之心。由於此星經常溝通、傳達於兩者、兩端之間，有時要使內在表現於外，有時要表達負面或黑暗狀況，例如傳達某甲的不愉快予某乙，或是說些社會黑暗面，其眞正、唯一的目的，不過是表達、疏通，不包括「考慮是否該說出來」、「會否影響他人」、「會不會造成什麼不良結果」。如果說「惹是生非」、「禍從口出」是接受傳達者（聽聞者）的感受，與巨門之口實無理由相提並論，因此也常見巨門星坐命者，既無辜又冤枉的面對他人的埋怨、指責；有時根本還不知道自己闖了禍。

巨門星通常予人開闊、磊落、能夠據理而言的印象，易使內向、羞於表達的人產生好感，而樂於接近，稱讚。尤其是整理過自己、把內心黑暗面一一曝光的，或是願意幫助他人，把負面內在轉爲正面，甚至改善社會負面、黑暗面的巨門星，都會使他人視爲保護者、代言人、護身符般，心生嚮往，畢竟巨門星向自己傳達光明、疏通自己的煩惱的同時，也建立了良好人際關係的基因。

歷經學習與體會，巨門星懂得如何在傳達與可能被誤會的是非中取得平衡，是很好的人際關係表達者。

天梁星

天梁星的基本意義是「蔭」，雖然不太主動去結交朋友，但也不拒來者。在人際關係中，保持著平衡、中立與超然的態度。

天梁星向來有清高的風範、正直的個性，但對於心目中不清高的人，或不正直的事，不見得會躲避。認識與自己想法不同的朋友，仍可交往，只是會保持距離罷了，因為天梁星坐命的人，不願意傷害任何人，也不喜歡拒絕人，更不喜歡牽扯出複雜的枝節與人際關係。

天梁星坐命的人，能過屬於自己的生活，喜歡有自己安排時間的方式，自己的天空，及忙裡偷閒的感覺。在家裡聽音樂、散步、看電影、讀書，不一定要有朋友相伴。遇到志同道合的朋友時，通常可以成為一生的知己。彼此共同的話題，與紅塵俗世中吃喝玩樂較不相干。

天梁星有超然物外的基本嚮往，但也有豐富的同情心，能照顧弱小、體恤他人，這樣的角色，通常可以從事社會工作，並結交有志於此的朋友，或雖經商從政，但最終目的是爲了共同使這個世界更合理、美好。

了解天梁星坐命的人，必然容易與其成爲好朋友，若沒有看清楚此星的本性，恐怕會引起自命清高、驕傲、獨立不群，甚或「不知他在想什麼」的評論。

天梁星除了清高之外，還有耿直的個性。有時話不投機是來自於堅持自己的想法，無心要得罪任何人，而是想告訴別人某些事是不公平、不合理的。

天梁星會得到部分人的認同，也可能使某些人自動避而遠之，因爲每次爲了一些正直的理念去與人爭執，實在太麻煩了。因此對於失去的這些朋友，也不覺惋惜。

歷經學習與體會，天梁星會懂得以「大家都有自己的想法，值得尊重」的想法來結交知己好友。

第三系列諸星》》

指祿存、天馬二星，因為此二星跟其他星曜於命盤中沒有固定的配合位置，亦不屬於六吉星、六煞星、四化星，故列為第三系列，只為解說方便。

祿存星

祿存的基本意義是「能源」。人人都想要能源，也喜歡能源，所以祿存星是紫微斗數諸星中，受大家歡迎的星曜之一。

大部份的人喜歡祿存星，是因爲覺得祿存星坐命的人實在、有料。所謂有料，偏向言之有物，不易隨意胡扯，實在則多指在行爲上落實、能做也肯做事。因而大家並不排斥與祿存星坐命的人來往。

祿存星不論是否知道自己有這一方面的特性，多半「自己最喜歡跟自己往來」，因爲有料、落實是難得的優點，使自己也能在自我的世界中享受，在交友方面有時顯得較被動，有時會使他人誤以爲孤僻。

有些性急的人，幾乎不能安定下來一時半刻，總是讓言語、計劃、行爲帶著自己向前衝；凡事拖一下再做的人，不論想到什麼，不免立刻再下個「等下吧！」的命令給自己，急驚風也好，慢郎中也罷，都各自習慣成自然，沒有欲速則不達，或是拖延誤事的刺激，也不會想到改變自己的行爲模式。

唯獨祿存星，其星曜位置永在代表急驚風的擎羊星之後，代表慢郎中的陀羅星之前，前有拉力，後有扯力，只有保持不動，才不會被拉拉扯扯。保持不動，成了祿存星面對諸多事物的方式，其中亦含有交友的態度，故而看來被動，或使人誤爲孤僻。

祿存其實不乏熱情，朋友有事相求時，也會相助，自己遇有困難，也願意去尋找貴人，只是幫助朋友時，力求不介入，不動，沒有麻煩、枝節，以免受到拉扯，尋找貴人之前，也可能經過一番掙扎，或由他人催促才進行，畢竟自己的世界最好，祿存已習於與自己相處。

歷經學習與體會，祿存星能夠以如不動的心，跟各種個性的朋友相處，並且處理各種自己曾經以爲麻煩的事情。

天馬星

天馬星基本意義是「帶動」。帶動又有動腦以及行動兩種性質，天馬星坐命的人多反應迅速，因能動腦故；也多有運動潛能，因是行動力故；也有不少人融動腦與行動力於一體，則行動中已有迅速反應，也能以迅速的反應、判斷帶動行爲。

因是行動力，故天馬星坐命的人不排斥交朋友，大部份的時候，並未以熱誠的態度表現出其「不排斥」，而只是等待，不過其等待中又帶有隨時出發的準備，一如驛站中的驛馬，外表安定，看似悠閒，其實可能常處備戰狀態。

天馬星能以四海爲家，故也有機會廣交天下英雄，其交友範圍甚廣，因自己具有動性，一生中交友雖眾，成爲知己者也許不多，一則沒有機會培養默契，增進感情，再則可能因反應迅速，以爲自己已然瞭解對方（其實有時只是些表面狀況）；二則視人際關係爲一種禮貌性之交往，客套寒暄之外，別無他意；無論如何，天馬星奔走變動之中，種下其交友狀況的成因。

不過，儘管在運動場上結交朋友，或在火車、飛機上相遇，不管是否聊得盡興，或是禮貌性寒暄，在並未考慮友誼還有多長，日後是否還能相聚的情況下，天馬星都能以其反應迅速及行動力的結合，表現出高度的專注，並以此專注的態度，在任何狀態、場合中與朋友相處。因那一份專注，使天馬星不在意相聚的時間，因那一份專注，或使他人誤以爲「無情」、「變化迅速」，有時連天馬星自己都不一定覺察，那一份眞正的專注，相當於永恆，哪怕只是禮貌、客套性的寒暄。

六吉星系列》》

六吉星指的是左輔、右弼、文昌、文曲、天魁、天鉞等六顆星曜。

所以稱為吉星，是因為這六顆星曜優點甚多，缺點較少，而且具有很好的輔佐力量，如果遇到力量強的主星，或是好的格局，不但是錦上添花，還會增加順遂與發展，遇到落陷的星曜，或是壞的格局，就好比雪中送炭，可以增加優勢，能夠使無力的星曜，藉六吉星之助而增添力量。

六吉星對六煞星也有抵抗能力，能中和煞星的威脅，甚至使煞星的威力受吉星影響，導致好的發揮。

左輔星與右弼星

左輔星與右弼星是紫微斗數諸星中，人際關係最好的二顆星曜，不但從來沒有計算別人、害人的想法，而且還很樂於助人。其助人的方向範圍十分廣泛，幾乎稱得上是有求必應，能幫且幫。

難能可貴的是左輔、右弼星在幫助人時，多不表現出施恩於人的態度，也沒有要求他人回報的想法。自以爲是、張牙舞爪、趾高氣揚、吝嗇小氣、愛打小報告、鋒芒外露等等形容詞，永遠不會出現在左輔星坐命者的身上。

大部份時候的左輔星使人有「零個性」的表現。零個性並不表示一個人是溫吞水、白癡、或爛好人，而是指左輔星個性平和，平和到與人相處時，常讓人「無法感覺到他的存在」。當一個人被他人感覺到存在時，或喜歡表揚自己，或很自卑、懦弱，或在兩極端中擺盪。左輔星即使在幫助人的時候，不會誇張自我的成績，亦不會要求他人來肯定自己。

左輔、右弼星是人與人之間的優良媒介，幾乎任何星曜坐命者，都喜歡左輔、右弼星。因此與二星與之同宮時，也會間接影響其他星曜的人際關係，使負面向成正面發展。任何人都喜歡與左輔星坐命的人交朋友，正直敦厚、善良又穩重，是大多數人對左輔、右弼星的衷心稱讚。

天魁星與天鉞星

天魁、天鉞星坐在命宮的人，很容易得到貴人的幫助，而貴人中有些本來就是自己的朋友，有些是幫助自己之後而成爲朋友。所以魁鉞二星的朋友與貴人，容易互相交流而幾乎分不開的。

天魁、天鉞星不但沒有朋友與貴人之間的界線，也多沒有「是敵是友」的問題。有時以爲是敵人的，也會來幫助自己，有時敵人也許仍然是敵人，但通常最後可能變成朋友。這種特性及現象，使得天魁星在受人幫助時，充滿了驚訝與感恩，也爲天魁星建立信心，從此也樂於助人、回饋社會。

事實上，魁鉞二星的本質中，本有助人意願，許多天魁星坐命者，經常表現出熱心的態度，主動與他人分享自己的快樂，凡是自己覺得受用的好事，也會積極推動，邀請他人參與。

魁鉞二星也許不會顯現出「與朋友細訴心曲」的一面，但多半會在行動上實際表現出來。提供給朋友的協助，除了急難救助之外，還有各種有備無患的積存。

只要是對紫微斗數稍有認識的人，都喜歡命宮、大限、流年遇天魁、天鉞星。即使是不知道紫微斗數者，也喜歡在問命時提一句「我什麼時候有貴人」，其實我們大多具有幫助別人，以及需要別人幫助的時候，甚或一面接受幫助，同時幫助別人。魁鉞二星因爲他人之及時雨而受到歡迎、感謝，如果時時爲他人著想，願意盡心盡力協助他人，已爲來日受人幫助種下良好的基因，因爲被幫助者，多因感恩而生回饋，愈多人感恩回饋，社會則在順境與和平、喜悅之中，天魁天鉞二星坐命的人，多能夠肯定這種現象。

附帶一提，天魁星偏向男性，是直接展現的貴人。天鉞星偏向女性，是間接展現的貴人。

文昌星與文曲星

文昌星的基本意義是「描述」，文曲星是「傾訴」。二星各用寫作、演說、表演、繪畫、音樂等等各種與文藝直接或間接有關的方式，以描述或傾訴來表達自己的理想，或是內心深處的聲音。

描述或傾訴都是表達自己，而且是在需要表達時，或是平時即保持一定程度的表達。

文昌、文曲星坐命的人通常也知道表達的必須性，因爲可以促進彼此的了解，即使沒有對象，也會以前述各種方式自我表達，或向不知的對象表達，例如自己發行電子報、寫日記等。

一般人或多或少有表達不出或是不清楚的時候，原有除了「一時不知如何表達」、「累積過多」之外，「沒有時時刻刻保持觀察」也是很重要的因素。一個人如果時時知道自己在想什麼，比較容易馬上說出自己的想法。文昌、文曲星雖以與文藝有關的方式表達，但這皆來自於「觀察」的基礎。以此基礎，觀察人性，體會他人的表達，還多了一份學習他人長處的機會。

文昌、文曲二星喜歡與其他文昌文曲星坐命的人交往，通常覺得「自然互相吸引」甚或是對方很有才華（其實自己也不差），彼此有屬於自己「會心」的溝通方式，言語有味（因此有些人覺得不被非文昌文曲星坐命者了解）。

文昌、文曲二星，能夠表達，也不可以理解大多數人的心聲，搭配左輔、石弼、天魁、天鉞等星，可共同有良好人際關係的基礎。

六煞星系列〉〉

六煞星為地劫、地空、火星、鈴星、擎羊、陀羅等六顆星曜，所以被視為煞星，是因為容易把負面情緒或現象先顯示出來，而使人一時忽略其正面意義。

煞星出現時，最基本的現象是不順利，不如預期，或是在心境上不夠平衡。不順利時有時是一時過程，心境上的不平衡也是可以處理的。煞星的存在，是提醒我們調整改變自己的方向。有時煞星亦會帶給我們積極進取的動力，表現與成就也往往因此而呈現。

地劫星

地劫星的基本意義是「變化」與「調整」。地劫星坐命的人喜歡交朋友，有時因環境造成，經常與朋友之間產生變化與調整，如職業調動、搬家、轉學等的變化與調整，由時常親密相聚而轉爲通電話、書信往來的交往方式。或是自己意識到宜以某種態度與朋友交往，而變化或調整彼此之間的關係。例如當事人在成長的過程中有所變化，或例如因更深入了解對方，決定要與其進一步交往或停止友誼。

如果喜歡長期不變的人、事、物，地劫星似乎是很難如願。沒有人喜歡與能夠促膝談心的朋友分隔兩地，更怕朋友突然誤會自己，連解釋的機會都沒有，就成陌路人，不可否認的，地劫星有時易有上述現象。尤其遇到其他六煞星、武曲化忌等星時，易使人在友誼上受到突發的傷害。但對一個時時警惕、檢討、反省自己的人，其傷害較小，因爲當事人不論朋友如何「變化與調整」，自己皆時刻保持以誠待人。

地劫星坐命者，通常不適合與他人有錢財往來，尤其是合夥生意。因爲錢財上的變化與調整，未必一定能馬上用內心的反省檢討來轉換調整，易造成誤會。結交一些共同切磋研究學問或技術朋友的效果更好，包括各種運動、氣功、瑜珈、舞蹈等方面的朋友，或大家以善意爲出發，互相了解激發自己與對方的心情變化，並促成自己進步。

地空星

地空星的基本意義是「清除與調整」，又分爲內心世界與外在環境兩個方向。前者是清除調整自己內心的煩惱，後者是清除調整外在環境中的種種障礙。

地空星坐命的人由於經常清除調整自己，得以保持開拓的心胸，不太容易執著於某些既成的想法或觀念，因此雖也喜歡交朋友，未必喜歡和朋友天天膩在一起，對人生無常的變化也較能接受。

地空星坐命的人多有自己內在豐富的天空，生活或工作中常有新意。交朋友經常不分國籍、地域、黑白兩道、職業、年齡。但也會在心情及環境上需要時，自動去清除與調整朋友的性質及人際關係。

地空星坐命的人，知道人不能完全主控與朋友的聚合離散，多受外在環境影響，諸如調職、搬家、出國、轉學等，有時候也是自己莫名其妙的，突然覺得某人很討厭，或與某人言不投機，而主動地放棄友誼。因此亦會給他人無情、捉摸不定等誤解，有時地空星根本不知自己做了什麼無情的舉動，也體會不到自己是否眞的捉摸不定。

地空星坐命的人，不適合與朋友合夥生意，倒很適合與朋友互相溝通、共創新觀念，包括人生計劃、宗教信仰、文學藝術，及各種技術的切磋，也多互相安慰勸導，在波濤洶湧的人生大海中相扶持前行。

火星

火星的基本意義是「燃燒」，又引申出持續不斷的力量，以及毅力等意義。火星坐命宮的人，通常能夠以其驚人的毅力展現於生活中，與朋友相處時，亦不改英雄本色，把毅力轉化爲講義氣、有豪情、不拘小節。

火星常是朋友眼中「大俠」型人物，大俠在主持正義時也許脾氣急躁一點，說話大聲一點，但通常也會讓人豎起大拇指說一聲「好！」。與朋友交往，常顯現大口喝酒、痛快說話的行爲，不論男女都有類似現象。

火星正面的表現，是「燃燒自己、照亮別人」，燃燒兩字看起來似乎帶有

「犧牲」的意思，其實這是火星的本質，當事人不覺得痛苦，燃燒不過是忠於自己罷了。因此爲朋友兩肋插刀，是火星坐命者常有的事，不管朋友是黑道白道，是對是錯，只要是自己喜歡的朋友，火星都願意爲他努力。也因爲如此，易予旁觀者以盲目、不分是非好壞等誤解。

火星坐命者有時也孤獨，因爲痛快豪飲之後，反落得落寞空虛。人的情緒在兩極擺盪的時候，愈熱鬧也就有愈相對的孤獨。夜深人靜，甚至或有「我到底是怎麼回事」的想法。若沒有交到好友，也會爲自己的豪情壯志感到悲哀，感歎人生難遇知己。儘管交友路上可能高低起伏，損友、益友相繼出現，火星坐命的人，仍不改其豪情與義氣的本質，不斷的燃燒下去。

鈴星

鈴星的基本意義也是「燃燒」，不過卻具有變化性，雖不如火星直接有力，但於變化中仍維持其毅力，尤其難能可貴。

鈴星坐命的人天生喜歡交朋友，尤其喜與朋友談論心中的感覺，有時還以文會友、以樂器會友。

朋友是一面鏡子，在鈴星坐命者與朋友交往過程中，可深深體會這個道理，有時過多的傾訴埋怨，也不免使彼此都掉入痛苦煩惱當中，表面上看來，似乎找到一位了解自己的朋友，但也有負面進步的潛在危機。

鈴星通常在遇到自己所喜歡的事情，或想要參與的活動時，不怕麻煩和困難，集各路英雄好漢，共襄盛舉（或因環境造成，自然需要去面對許多人）。有時易為旁觀者誤為「多事，不甘寂寞」，或是「虛張聲勢」、「好大喜功」。其實鈴星坐命者的「大腦硬碟」裡並沒有這些定義，他只是很單純的「好東西與好朋友共享」。

擎羊星

擎羊星的基本意義是「帶頭的衝力」。擎羊星坐命的人多有勇敢向前的一股力量，表面上看來，擎羊星坐命的人鋒芒外露、快人快語、做事積極、講求效率，頗有英雄豪傑之氣，有時或會得理不讓人。

以「搭在弦上的箭」來形容擎羊星似乎更恰當。在發箭之前有一個後退的動作，在那個動作之中預留蘊釀和準備的時間，才能使放出去的箭射得更遠、更直。在準備動作中還需凝神專注，才可以正中目標。故當擎羊星使旁觀者有「好大喜功、快語傷人、只顧自己」，甚或「少一根筋」等種種誤解時，有些擎羊星自己也覺得很莫名其妙。他只能直覺到：「我不是這樣的人」，卻沒有探究發現到自己是一串連續動作所表達的一種行動力量與狀態。

因此，擎羊星坐命的人，雖然喜歡交朋友，有些也會總是走在人前，予人獨立不群之感。其實擎羊星獨坐命宮的人，有許多是內斂、沉穩、而善爲照顧朋友的。從此也了解到他人所描寫的擎羊星與眞實的自己有些差異，是在擎羊星的「後退」與「向前發箭」的兩個極端中，各取一方的結果。不管站在哪一方，擎羊星都交朋友，就算在朋友中出盡鋒頭，仍能愛護自己眞正的朋友，哪怕表現的是內斂與沉默，也仍會衷心善待自己的朋友。

陀羅星

陀羅星的基本意義是「原地周折」。陀羅星坐命的人對朋友也多原地周折，可分精神上及實質層面兩種狀況。

精神上的原地周折，指陀羅星對朋友多不易喜新厭舊，實質層面則是習與某些固定朋友，以固定的方式聯誼，或是保持一貫的方式處理人際關係。因此有時不論損友益友，多願意或能夠一生維持友誼。

陀羅星坐命的人，其交友方式多有原則，此是其原地周折的正面表現，反若朋友說些陳年舊事，或永遠繞著固定的話題打轉，以及不論交任何朋友，在任何場合，都採固定的應酬模式，或會使人覺得厭煩、被束縛，也可能使人有「古板」、「太嚴肅」的誤解。

不論陀羅星的正、負面交友現象如何，討論陀羅星的意義時，也需顧及擎羊星，只要陀羅星坐在命宮，福德宮必有擎羊星，其外露的鋒芒，獨特的表現，與陀羅星的固定不變有互相平衡的效果。因此前述種種，有時只是人生過渡現象，更何況陀羅星坐命者有機會經由一再平衡，能在人際關係中進退有據，持續保持寬厚與情義。

四化星系列》》

四化星包括了化祿星、化權星、化科星與化忌星等四星。

化祿星

化祿星的基本意義是「圓潤」。化祿星坐命宮的人，天生即能使事情順利推展，其推展的過程中，內在使精神上的陰暗不平、不安得以消除，外在使人事、行動及環境的挫折複雜減至最低，因此而得以圓潤。

命宮有化祿星的人，天生就能以此特質帶動良好的人際關係，因而不管原先看某人不順眼，或與某人有債物糾紛，都易因爲化祿星的存在，使彼此間的結得以疏通。原互有好感者更是錦上添花。

幾乎任何星曜都喜歡遇到化祿星。命宮有化祿星的人，容易予他人自然、樂觀、不拒人於千里之外的良好印象，故不需要自己主動交朋友，也會有人主動親近。當事者也常成爲化解他人苦惱、聆聽他人傾訴的對象，原因在於某些格局若得化祿星之助，可錦上添花，某些星曜得化祿之助即成格局。當某人的命宮中沒有化祿星，或具備加上化祿即成好格局的基本條件時，遇到化祿星等命宮者，易受其影響或得其助，使自己的人生境界、觀念，得到良好的提昇。

有許多星曜本身即需要化祿，諸如武曲、破軍喜化祿，文昌、文曲、六煞星等喜與化祿星同宮，當這些星曜坐命者與化祿星交朋友，常常會覺得知己知彼，是一件快樂的事情，也願意與化祿星在人生的道路上同甘共苦，永遠做好朋友。

化權星

化權星的基本意義是「堅定」。化權星坐命的人，多有堅定的信心、個性，或處世原則，以及人際關係。

每顆星曜化權之後所產生的現象不同，與化權星同宮或會照的星曜，也受其堅定的影響，其人際關係的正面現象多是堅定友誼，不改初衷，也能保持一定的立場去幫助朋友，負面的顯現則是強迫朋友接受自己的想法，對於自己所交的「損友」亦堅定不移，不免使他人有「喜歡支使他人」、「不尊重別人」等誤解，日久則生分離之想，使化權星坐命者，於大限、流年不吉時，覺得被朋友遺棄或欺騙（其實未必如此），動搖了原本「堅定」之心，又改不掉「堅定」被朋友遺棄或欺騙之想法，因而矛盾痛苦。

「堅定」使人可以執著於自己的抉擇、判斷，不論朋友如何反應，都一本初衷的對待對方，則其中或有「壓抑」朋友之嫌，仍能換得「眞情」及「關心」之體諒或感激，倒是堅定的背後，只要沒有「因爲怕自己不堅定而要求自己堅定」

的擔憂，會與朋友維持良好的友誼，互相支持對方。

化科星

化科星的基本意義是「光明」。命宮有化科星的人天生多較樂觀，易於或喜歡學習，於精層面上希望提昇自己，在行動上則可落實，這樣的人容易予人良好印象並讚賞。

讚賞似乎是化科星天生就應該得到的，不論任何星曜在命宮化科，總有機會得到某些掌聲，被讚賞的人因此而生信心，信心則成爲好人際關係的基因。甚至使發出讚賞他人的人，因看到他人的好處又懂得讚賞，也提昇了自己。

化科星是人與人之間的提昇劑，但不是興奮劑，化科星往往使旁觀者眼睛一亮，心也隨之一振，進而有此人不錯的想法，或更進一步想到此人可以交往，因此具有受「某些人」歡迎的條件（所指「某些」是因所化科星的星曜性質而定）。例如有些人崇拜演藝人員，看到自己仰慕的對象必然心生歡喜，或有人仰慕學者教授，遇到時亦樂於與其交友。這是化科星所產生的部份力量。

命宮有化科星的人，頗能夠藉化科的力量整理清楚自己的問題與煩惱，日積月累，則或覺得自己的情緒很容易疏通，也更加樂觀、充實。未必會主動去尋找朋友，但也不排除任何樂於親近的對象。如果被誤爲自以爲有名氣、驕傲等，化科星仍一本初衷的提昇自己，使自己更樂觀、進步。

化忌星

化忌星的基本意義是「阻滯」。阻滯象徵著停頓、不順、有所阻攔，化忌星坐命的人，常有兩種極端可能，一種是稍遇挫折不順，即有埋怨，或是停頓、或因自卑而放棄。另一種則是穩重而冷靜，對於人生各種挫折，都能夠在體會之後包容，亦不爲所動。至於究竟是那一種極端反應，則要看命宮所化忌的星曜性質而定。

化忌星坐命的人於人群中，並不很容易被凸顯出來，一則是命宮獨坐化忌星的機會不太多，總有其他星曜同宮或會照，沖淡了化忌的性質，再者每人一生中都有在各大運、流年、流月、流日遭逢化忌的機會，多少體會過化忌的兩極變化，故遇到命宮有化忌星的人，可能會產生熟悉感，有相同的話題，或是共同探討如何突破障礙阻滯，或一起抱怨。

化忌星的存在，只是顯現人生中的阻滯現象，沒有一個人一生永遠在阻滯中，即或有人的個性特別強化阻滯，也必有其強化阻滯的原因，不表示此人樣樣事情，時時刻刻都在阻滯之中。化忌星坐命的人也喜歡交朋友，亦能遇到好友，也許初期會排拒他人，或在某個過程中遇到挫折而主動或被動與朋友暫不往來。

有時化忌星明明很想交朋友，卻又不會主動向人伸出友誼之手，是因阻滯的習氣作梗。或有時在面對他人的接近意願時，也會阻滯一番，這也不表示個人孤僻、不近人情，只是暫時的阻滯而已。

歷經學習與體會，化忌星懂得跳出自己所設的限制，就可以減少限制，鼓勵提升自己，給自己希望，並且知道自己的需求，照顧自己，及於他人。

乙級星》》

以下說明乙級星將以「交友態度」與「交友現象」兩種方向探討，前者是指諸乙級星坐在命宮時的現象，後者是指坐在交友宮的現象。乙級星力量有限，與下列星曜搭配，較有明顯的意義：

❶與六吉星、祿存星、化祿、化權、化科星同宮或會照時，乙級星曜的正面意義得以增加。

❷與六煞星、化忌星同宮或會照時，增強其負面意義。但是了解六煞星的優點時，乙級星不受太多影響。

❸會照前述六吉星星曜多於六煞星星曜時，負面意義減少。

❹與某些甲級星同宮，產生特別意義。於諸星「交友態度」將格外解說。

台輔星

※交友態度

台輔星坐命者通常會希望有良好的交友品質，所以態度上儘可能維持相當程度的禮貌、和氣，以及一定的做人規範。

※交友現象

喜歡或有機會結交一些已經功成名就，或較有表現的朋友。也希望讓朋友知道自己有某些表現及優點，或自己是功成名就的，也有互相幫助的機會。

封誥星

※交友態度

認爲自己如果有較好的表現，就有條件結交較好的朋友；或是有較好的表現則能夠換取較多的友誼，故而通常會鼓勵自己，提昇自己。

※交友現象

有時喜歡讓他人知道自己結交了很多傑出、努力的朋友，自己也可以做爲學習的借鏡。

與入廟的太陽、太陰星同宮時，容易結交有學問或有表現的朋友。

天刑星

※交友態度

對朋友有所揀選，於交友過程中，有時會因希望對方好而加以規勸，若使用婉轉的言詞，多能爲對方所接受。

※交友現象

容易結交到與法律、醫學、軍警、武術等行業有關的朋友，也可能爲朋友的事情打抱不平。

與六煞星、化忌星同宮或會照時，與朋友宜從事安全性高的活動。

天姚星

※交友態度

也許並不一定會有屬於自己的某些固定交友模式，但卻喜歡用較隨緣自在及有情趣、有氣氛的方法交友。

※交友現象

結交的朋友不限男女，易出入聲色場所，或是在與朋友交往的時候，採取比較自在、自然的方式，例如以很閒散的心情，大家一起聊天、喝茶。或是某一天不工作，請假一起去遊玩。

解神星

※交友態度

易與朋友分析、面對彼此的關係，尤其在關係不好時，會試著說清楚，也因爲平時有這種良好態度，可維持較長久的友誼，日久則會覺得所結交的朋友，是在幫助自己、開導自己。

※交友現象

朋友在遇到困難的時候幫助自己，自己日後也願意回饋。

天巫星

※交友態度

能夠與自己或與朋友彼此提昇良性觀念，超越不愉快的過去。通常也可能共同探討交友的意義，人際關係的重要性等。

※交友現象

結交到努力上進，願使自己更提昇，或結交到一些已具事業基礎的朋友。

與六吉星同宮時，多能得到朋友的協助。

天月星

※交友態度

天月星坐命者認爲如果人際關係不好，可能是自己的觀念有問題，願意從自己的交友態度、言行舉止去探討。即使友誼「積勞成疾」，也會在流年大限遇到吉星的時候，解開自己與朋友（或家人）久積的心結。

※交友現象

願意爲朋友的困境去努力，也容易得到回饋。

與天刑星、化忌星、六星同宮時，易遇到需要注意健康的朋友。

陰煞星

※交友態度

陰煞星被引喻爲「小人」，不可否認的，此星確易有些機會遇到對自己不太有利的朋友。所謂不太有利，通常是朋友提供些不正確的消息，或在自己正要努力的過程中做些阻礙的事，不過追根究底，陰煞星終能讓人了解到如果誠實待人，並且誠實面對自己的感覺，凡事力求無愧，解開自己心中的結，已減少陰煞星發揮力量的機會。

※交友現象

交友現象有時來自交友的態度。陰煞星的交友態度若是能夠正面的處理自己心中的感覺並誠以待人，則負面的現象多半會消失。不過陰煞星坐在交友宮的時候，易遇到個性上有些表裡不一、陽奉陰違的人。所謂的陽奉陰違，表裡不一，不見得是一般人想像中的奸險小人，有時只是某些理想沒有實行，或答應別人某些事，一時還未做到。

三台星與八座星

※交友態度

平時注重個人儀態、以榮譽爲自己的生命，也會以這樣的態度來面對朋友。

※交友現象

易交到具有良好職務，受人肯定推崇的朋友，也易學習對方的優點並互相提攜。與左輔、右弼星同宮，更能與朋友相互提攜。

恩光星

※交友態度

對朋友誠信不欺，當受到朋友的幫助後，也能夠眞實的表達感恩。

※交友現象

易受到朋友的讚美、肯定，有時也因此有互相爲對方做事的現象。

天貴星

※交友態度

請參看恩光星。

天官星

※交友態度

因爲自己具有向上的心，也願意交往與自己情投意合的朋友，故不太容易交到損友。

※交友現象

有相當的策劃能力、管理天份，也願意爲朋友發揮這種長才，朋友中通常也自己有這方面的潛能，或是具有較高職位。

天福星

※交友態度

喜歡結交有上進心的朋友，也願意與朋友一起爲社會大眾努力。

※交友現象

容易與喜歡上進、爲人服務的朋友共同努力，通常對朋友也不會苛求。

與天同星同宮時，朋友多能在緊張忙碌生活中，調整身心。

天空星

※交友態度

希望自己心如天空，從來不會想要限制朋友，願意接受朋友的想法和意見，也不會執著自己一貫的看法，同時也喜歡結交新朋友。

※交友現象

結交很多朋友，彼此常有各種腦力激盪或體力上的共同奮鬥（例如一起游泳、登山）。平時在一起經常海闊天空，無所不談，也會有機會合作許多人意想不到的正當事業。

與廟或旺的太陽星同宮時，有出世或超越的智慧及理想。

天哭星與天虛星

※交友態度

能夠關心朋友的內心世界，共享其悲傷與痛苦。

※交友現象

有時會為朋友的事情傷神，有時也會覺得自己交錯了朋友，終會發現只是一種感覺。因為如果以樂觀的態度，互相鼓勵，多能改變一些負面狀況。

龍池星與鳳閣星

※交友態度

能夠飲水思源，體會到朋友對自己的好處而知恩圖報。平時在人際關係當中，在與他人聚會的場合裡，都願意或能夠注重禮儀，言行舉止有規矩及氣度。

※交友現象

容易結交到有顯貴身份與地位的朋友，或交到有良好家世背景的朋友，對方多能夠受人尊重、肯定，自己也可學習其優點。

與左輔右弼星同宮時，上述現象更明顯。

紅鸞星與天喜星

※交友態度

喜歡結交看來和氣，予人有溫馨感的朋友，通常也希望自己能予人這種印象。

※交友現象

喜歡或有機會與朋友一起上街購物看電影，或到各種熱鬧的場合遊玩，也喜歡製造各種歡樂氣氛與朋友共享。通常也能結交到懂得穿著打扮、製造氣氛，有文藝天份或興趣的朋友。

孤辰星與寡宿星

※交友態度

❶覺得自己是孤獨的，也喜歡孤獨，亦不把孤獨當作孤獨，不太習慣結交很多朋友，有時還刻意給自己製造孤獨的環境。

❷不覺得人際關係對人的一生有什麼特別意義，不熱鬧的場所或與多人相處能夠爲自己帶來什麼，所以可以安於自己的生活方式。

※交友現象

❶即使在熱鬧的場所當中，也易孤立自己，或自然有機會單獨行動。

❷有知己也未必時常聯絡，或覺得對方無法了解自己孤獨的感覺，甚或覺得自己也不需要這樣的朋友，因爲孤獨也很好。

蜚廉星

※交友態度

希望交到能夠給自己建立信心、聰明、果敢、凡事又能夠拿得定主意的人爲朋友，因爲當事人有時或會覺得自己易心神不定或迷糊忘事、缺乏信心，或易受到別人影響。

※交友現象

對於人與人之間的閒言閒語容易感到困擾迷惑，有時候還會聽到一些對自己不正確的傳聞，但又不知如何是好。如果遇到前述所希望結交的朋友，則能使事情有所改善，這些現象也多半在流月才易發生，當大限流年遇到吉星的時候，多有機會改善。

破碎星

※交友態度

有時認爲朋友是對自己有幫助、有意義的，因此多不積極交朋友。

※交友現象

常因某些事情對朋友失望。例如因覺得朋友欺騙自己而失望，或本來與他人有些合約要簽定，因朋友的介入而改變，所以失望。

事實上，對朋友失望，可能是誤會或是對自己的想法沒有全面了解，或是沒有站在朋友的立場去替對方想，所以在深思跟仔細觀察後，就有可能改變誤會。

至於某些事情因爲朋友的介入而失望，相信命運的人都知道這可能是自己本來就沒有成功的機會，如果怪罪朋友，那是遷怒而不是失望。更何況破碎星只是在流月或流日才會有，或者遇到六煞星時，才會有比較明顯的現象，大運流年好的時候，改變自己的觀念，就有機會改變命運。

天才星

※交友態度

能欣賞朋友的優點，分析朋友優點的成因，並隨著學習。

※交友現象

有機會結交各行各業聰明優秀的朋友，也喜歡與這樣的人親近，或也覺得自己不落人後，而彼此常常互相稱讚對方。

與廟或旺宮的天機星同宮時，前述現象更明顯。

天壽星

※交友態度

喜聚不喜散，希望跟自己喜歡的朋友，都能夠永遠在一起，多半不會主動跟朋友分手道別。

※交友現象

容易交到天性自然，與世無爭的朋友，自己也頗喜歡這樣的感覺，多會極力建立與朋友長久相處的機會。

天廚星

※交友態度

能夠體會得到朋友的優點，而且頗喜歡觀察他人優點，並認眞學習。

※交友現象

容易交到任公職、高職位或喜好美食、經營餐飲的朋友，或經常有機會交際應酬。

華蓋星

※交友態度

能保持超然冷靜的立場看待身邊的每一個朋友，因此也較能夠去面對人的好與壞，並不格外批評或排斥。

※交友現象

容易結交有宗教信仰或是有出世情懷、或較超然客觀的人，彼此在一起，也頗願意溝通這方面的心得。

對朋友不會有太多物質方面的要求，也不一定想要特別去選擇某一類型的朋友。

咸池星

※交友態度

交友對象不分男女，有時較易與異性接近。

※交友現象

或與朋友出入聲色場所，或討論一些與兩性有關的事情，例如兩性關係的協調方式，或也可能結交到一些比較重感情，或比較有異性緣份的朋友。

天德星與月德星

※交友態度

具有良好的心性，從無害人之心，而對人與人之間的麻煩紛爭，能夠給予關懷而不會有太多排斥。

※交友現象

易有貴人相助，也樂於幫助朋友，遇有困難，自然會去化解，且在解決自己問題時，也可能解決他人的。

希望於你有所啓發

以上所介紹的是諸星的交友的想法與行爲，並不是最詳盡的，但是希望於你有下列啓發：

❶原來我可能是這樣的，所以，我會因此帶動了某些命運，或是可以因爲瞭解而改變行爲模式，進而改變命運。

❷原來某人是這樣的，所以，我們可以互相尊重、包容。

❸因爲我的想法與行爲，帶動某些事業、財帛、遷移等運氣，有時候我是可以主導的，我的未來會因爲我願意「與人爲善」而變的更好。

第二章

諸星彼此之間的關係

這一章是提供諸星相遇時的現象，也是諸星所代表的「人」與「人」之間的相處建議，雖以單星呈現，但也可以互相搭配，可運用於下列各種人際關係：

❶與所有長輩、平輩、晚輩都可以參考。

❷於各大運、流年、流月、流日、流時，皆可參考。

❸可運用於成爲戀人之前，以及成爲配偶之間的人際關係參考。

❹可作爲各宮位的基本形態，包括錢財、事業、遷移等宮中的人際關係參考。

運用方法如下：

❶例如事業宮有紫微星與天府星，則可參考本章紫微星遇天府星的詳解，作爲與事業有關的人際問題參考。依著第三章四化星來了解並趨吉避凶。

❷又如田宅宮武曲星獨坐，朋友的田宅宮有太陽星，兩人若想共同租屋，則可參考武曲星與太陽星作爲共處一屋簷下人際關係的參考。

❸如果有許多朋友，命宮星曜各自不同，也可以將各星曜配合起來，參考本書第五章〈我們與哪些人有緣〉的解說。此外，若是多人團體，則可兩人一組互相參考，例如甲、乙、丙、丁四人爲一家人，則可分別將甲與乙、丙、丁各自組合參考，乙與丙、丁各自參考。

▼什麼叫做交友宮

交友宮昔稱僕役宮，現代有人稱人事宮、朋友宮，主要是爲表達自己與別人的人際關係，因古時的人並沒有廣闊而平等的社交生活，多受環境影響而結交朋友，例如做官的與做官的往來，種田的與種田的做朋友，如果有人上通權貴，下至販夫走卒，是很特殊的狀況，故而沒有交友宮這種宮位名稱。

古時若有很多僕役，此人大多是富貴兩全，或富或貴，想必是很有辦法的人，而僕役皆忠心耿耿，更表示主人德望兼備，這是跟自己互動良好，投射出來的是眞誠關懷，問心無愧使然。

交友宮在命盤中的位置，是以命宮爲主，順時針方向所數的第六個宮位，是一切人際關係的綜合，每個人的交友宮所顯現的，依空間、時間，及空間與時間的交集而展現。

※空間：

交友宮這個宮位，是一個空間的名稱。而坐在交友宮中的星曜，負責顯現交友的特質。包括：

❶朋友的個性、行爲模式。

❷因朋友的個性、行爲模式而帶動的現象。

❸每個人自己命宮及其三方所顯示出的個人想法與投射。並以這樣的觀點，與交友的星曜相互搭配，所產生的結果。

但是以王先生爲例，他的命盤屬表六（參考附錄），命宮爲廉貞、破軍星，任何廉貞破軍星坐命的人，交友宮必爲天機、天梁星，這是古人已經依著人性及統計歸納好的規則，彼此類推，以表一到表十二之中任何一宮位爲命宮，都有固定的交友宮及宮中的星曜。（交友宮沒有甲級主星時，以交友宮對宮星曜爲參考）。

※時間：

人的一生中有數個大運，也有很多流年、流月，每個不同的時間都有相異的交友宮位置，以及由交友宮中星曜所顯示出來的意義。例如王先生十四至二十三歲時，運行壬申大運，就以壬申宮爲命宮。交友宮在丁丑宮，須以宮中的武曲、貪狼、鈴星來研究人際現象。

※空間與時間的交集：

例如王先生癸未流年，命宮在辛未宮，這個宮位中的星是固定的，擎羊、文昌、文曲星化忌，但是逢癸未流年，因「癸」干而有了破軍星化祿、巨門星化權、太陰星化科、貪狼星化忌的變化，位在丙子宮的交友宮，太陰星化科，所以有了固定時間，以及新的時間所產生的太陰星化科的交集。

▼諸星之相互人際關係

紫微星

※紫微星與武曲星

紫微星與武曲星永遠互相會照，當紫微星坐命的人，遇到武曲星坐命者，容易有似曾相似的感覺，這種感覺會使這兩顆星曜互相吸引，或自然的找話題多聊幾句，或成爲同進同出的好友。

紫微星與武曲星不會有完全相同的習慣，也各有主張，紫微星在意尊嚴、面子，武曲星比較注重實際行動，但二者可以互相尊重。武曲星對於紫微星的喜歡或能夠領導，樂於表現，在意尊貴，似乎頗能體會，而紫微星在武曲星面前，也不太隱藏自己的眞實面目。

如果紫微星與武曲星都堅持主見，互不相讓，自然造成交惡的原因，不過大部份時候，武曲星不在意自己一定要領導，或被那些人領導，紫微星也未必在武曲星身上看到反叛、甚或是譏諷嘲笑，故不易有眞正交惡的時候。

※紫微星與廉貞星

紫微星與廉貞星在命盤中永遠互相會照，紫微星在意個人的尊嚴表現，廉貞星又有「作秀天王」之稱，二人有共同的表現特質，只是表現的方向及方式未必完全一致而已，單就表現特質，已足夠把這兩顆兩顆星曜拉在一起，成爲好友，至少不會互相排斥。

在人群中，紫微星與廉貞星多會互相注意對方，聰明的廉貞星甚至能夠感覺到自己其實是了解紫微星的，並且願意以比較圓融的方式與紫微星相處，有時對紫微星還有抒解情緒、平衡個性的功能。如果一起爲工作努力，甚至還可互相配合呼應，廉貞星能夠替紫微星照顧到面子，紫微星對廉貞星的長處也頗欣賞，當廉貞星表現出負面時，易能包容。

※紫微星與七殺星

紫微星與七殺星在命盤中有同宮的機會，也有互相會照的時候，故而合作的機會有之，互相欣賞時有之。

在人群中，紫微與七殺星不是很容易馬上互相結交，其友誼進展速度未必很快，主要是七殺星本有獨立作戰的精神，而紫微星也很注意自己的尊嚴，不過，相處日久，彼此也可能從對方身上找到一點自己的影子，那就是彼此皆能認眞做自己，表現自己，不論表現的是長處、缺點或執著，故而可能惺惺相惜，但未必天天在一起。雖然如此，彼此話匣子一打開，也可以滔滔不絕，說個沒完。若是深知對方的個性，打破雙方想要執著的尊嚴與獨立，可成爲終生好友。

※紫微星與破軍星

紫微星與破軍星在命盤中有同宮以及會照的機會，儘管紫微星經常要發號司令，領導眾人，而破軍星卻常常要自己領導自己，不顧他人也不顧一切，但兩顆星曜仍有互相吸引對方的力量，那就是爲自己的行爲負責，這種基本特質，使紫微與破軍星具有成爲好友的基因，也使得二星同宮時，有了併肩作戰，勇氣百倍的現象，在人生戰場上，比他人多了幾分開創、變化。因而紫微星遇到破軍星的時候，也頗容易談到創業，或是聊一些海闊天空的話題，或一起去做些具有冒險性、刺激性、開創性的事情。

由於紫微星是諸星之首，因此對破軍星多少也有勸告或領導的力量，因此二星相遇，破軍星或許一時仍有自己的主張，日久也終能受到紫微星的影響，也因爲如此，有時候破軍星會覺得紫微星並不見得完全接受自己的意見，甚或喜歡原來的自己，經過良性溝通之後，仍是好友，甚至更能尊重對方。

※紫微星與貪狼星

紫微星與貪狼星在命盤中，或有機會同宮，或互相會照，帝王之星與負責評估檢討的貪狼星相遇，多感欣慰，因爲檢討評估可以協助紫微星，顧到裡子又顧到面子。而這兩顆星成爲朋友時，多能夠替對方加強優點，並且欣賞對方的優點，其談話內容或多偏向檢討各種事物的得失優劣。

有時候紫微星可能會覺得貪狼星太在意，這個時候的紫微星可能爲了顧及自己的面子，而與貪狼星暫時疏遠，若是貪狼星爲此而計較，或許暫時會損失一位朋友。只要當事人了解自己的個性特質，就能轉爲紫微星評估考量，帶著紫微星發展未來。雙方併肩共赴未來，還平添許多人際關係。

※紫微星與天府星

紫微星與天府星在命盤中有機會同宮，亦可互相會照。南斗之首與北斗之王在一起，造成了兩王相見的現象。好在天府星天生有「讓」的美德，通常會尊重紫微星的意見，雖然不免有些委曲，不過習以爲常的「讓」會掩蓋這些委屈，進而調整、昇華，而成大度。

紫微星與天府星可稱得上是臭味相投，彼此的第一印象是好是壞，要看與二星同宮的星曜如何而做決定。也許覺得對方很愛現，也可能認爲對方有領導才能，不過更可能有的感覺是「此人與我有幾分相似」，或是「我了解他」，如果沒有利害關係，頗易成爲好朋友，若在同一工作單位，可能要先有一番傾擠或是誤解，但也因此奠定了日後成為好友的基因，甚至有一天會向對方豎起大拇指，說一聲：「你眞行！」肩負起同樣的工作，一起努力。

※紫微星與天相星

紫微星與天相星在命盤中或同宮時，或有機會互相會照，紫微星善於領導，並表達自己的領導能力，而天相星天生是為皇帝服務的，所以二星相遇時，基本上不會有太大的矛盾衝突，彼此還可能會覺得：「天生就該在一起。」

天相星似乎天生就能夠與紫微星配合，處處為其著想，而紫微星也似乎有照顧甚至支配天相星的本能，如果雙方始終秉持著這樣的理念交往，友誼多會增長，不會減退，在旁觀者眼中或許會覺得這樣的朋友交往不甚平衡，當事人卻覺能為對方設想，實在快樂。

※紫微星與太陽星

紫微星與太陽星皆是王，俗話說王不見王，主要是因為各自認為自己有一片天空，又肯定自己的天空，因而不太能接納別人的紫微星與博愛的太陽星相遇，容易讚美對方，但同時也小心翼翼的看著自己的表現，深怕一不小心輸給了對方，是敵是友，全在當事人自己的努力。

紫微星與太陽星給對方的讚美絕對是眞心的，想要把自己表現得很好，讓對方鼓勵，也是絕對眞心的。如果彼此都能夠體會這點，眞心的給對方一些讚美與鼓勵，就是友誼最好的促進劑，否則易成爲互相較量的對手。在擂台上相遇的兩人，很可能有相同的本領，卻要爲比出高下而拼個你死我活，其結果可能是一戰再戰至兩敗俱傷。

話雖如此，聰明的紫微星與太陽星終會發現較量之無意義，以及爭勝的眞正原因，只是爲了得到對方的讚美與鼓勵。或使自己更進步。

※紫微星與天機星

紫微星與天機星各有優點、長處。其相遇之後也許可互補優缺點，或保持點頭之交，也可能因爲環境，造成必須時常接觸，不過也可能把友誼保持在「我知道這個人」的狀況而已，因爲天機星的變化、遷動，使得這顆星曜沒有太多的固定特點，可與紫微星有所交集，卻也頗能夠尊重紫微星的尊嚴及其領導能力或表現。

紫微星見到天機星或許沒有強烈的似曾相似之感，或者願意與其併肩努力。但在欣賞天機星的優點時，可能有許多事情而改觀，除了告訴別人天機星的優點之外，也願意交換意見，丟出些不同的聲音，並彼此幫忙，互相當作對方的鏡子，學習優點。

※紫微星與太陰星

紫微星與太陰星，前者爲王，後者爲后，但部份屬於不同的國度，故彼此可以良好的風度相互往來。雙方都能看到對方的優點，也可以進一步欣賞、學習對方的長處。由於彼此存著三分客氣，所以紫微星反而有機會回看到自己喜歡領導以及喜歡尊貴的眞正原因。

對紫微星而言，太陰星是一面很好的鏡子，因爲太陰星貴爲一國之后，也有領導的本能，卻是以援助與配合的姿態出現，並不強求，也不會在求不得時有太多不良的表現，只是很自然的顯現其尊貴以及領導的才華，紫微星或也因此在不得志時，得以釋然。

太陰星容易自然的受到紫微星威儀與尊貴的震懾，並沒有強烈的排斥之心，也不會想到要反抗或反對，通常能以溫和的言語來與紫微星溝通，使紫微星不產生「王不見后」之想，造成良好友誼之基因。

※紫微星與天同星

尊貴的帝王星與代表福氣的天同星，有其互相交集之處，那就是「福氣」，不過皇帝似乎較注重尊貴遠超過福氣。天生即有福氣的紫微星，倒是也能夠懂得天同星所嚮往的精神、物質世界。

就算是沒有機會時常與紫微星溝通，天同星似乎也能夠體會到紫微星與其有相似的某些部份，因此即使在人生旅途中，偶爾或短暫的交會，也會迸出友誼的火花。

當涉及利害關係時，紫微星有時候會為了顧全大局，而承擔起天同星所放棄的某些事情，天同星則很容易自然的接受紫微星的行爲或安排。在天同星的世界裡並沒有如天府星的「讓」這種事情，但對他人的批評、排斥，似乎天生較有免疫力。

紫微星或許對天同星有較苛刻的言詞或要求，這也是天同星所不在意的，也許因爲如此，使得二星有可能成爲好朋友。

※紫微星與巨門星

紫微星與巨門星都需要傳達，有時候巨門星會扮演替紫微星傳達的角色。彼此相處有著著三分客氣，也會尊重對方的個性及見解。紫微星不改其領導者的本質，願意照顧巨門星或者是把自己的一些美好的心得與其分享。巨門星也會因本身的需要，選擇接受紫微星所示的好意。

在巨門星的世界裡，其快樂愁苦，與紫微星所設立的標準未必相同，二者不一定會有長期或密切的交集，但不妨礙人生過程中短期的、爲共同目標所做的努力。

巨門星可以成爲紫微星良好的外在助力，尤其是在語言文字方面的散播、疏通。例如，紫微星坐命者如果能夠請到巨門星坐命者，站在其工作的第一線上，並以正面態度相處，可以爲自己建立良好的聲譽。

※紫微星與天梁星

紫微星與天梁星，前者尊貴，後者清高，在人群中很容易發現對方有類似的特質，那就是堅持自己的立場。

二者能夠互相欣賞，但未必立刻會使自己跨出自己的立場，或完全接受對方的意見，但卻又好像可以了解對方，這種矛盾頗容易存在於紫微星與天梁星之間。

基本上，清高與尊貴並不互相抵觸，只是如果不查覺，彼此爲了堅持而堅持，就不容易溝通了。況且不論堅持清高或是尊貴，堅持本身還具有爲自己保有以及排拒他人於外的雙重意義，若只看到對方排拒他人於外的特質，就不容易互相欣賞。當紫微星說天梁星自傲，恐怕天梁星也會回敬一句：「彼此，彼此」，雙方暫時就難以良性溝通了。

但是經過時間以及重新觀察，發現彼此可以互相學習時，紫微星的尊貴與包容所顯示出的貴氣，與天梁星的清高，有著不是語言文字可以溝通的相似處。這時也許可以成爲彼此的建言者。互給空間，也互相體諒。

武曲星

※武曲星與廉貞星

武曲星與廉貞星在命盤中永遠互相會照，在人群中也頗易相互吸引，或有機會常在一起。

武曲星注重開發，基本上不會排斥任何新朋友以及任何種類的朋友，能夠了解廉貞，卻不會刻意去注意或挑剔其優缺點，雖不包容而自然包容。

廉貞星善於了解人際關係（不論是否有時候會被自己蒙蔽），對武曲星永遠存著一份熟悉與親切，易在自然或不設防的狀況下與武曲星交往。

任何人相處，總不免有意見相左的時候，武曲星與廉貞星可自然淡化問題，或是以簡單的言語，四兩撥千金方式解決。

這未必表示雙方有逃避的個性，不願面對問題中心，而是彼此皆有相當的默契，可以很快的處理心結，並且化解，只要命宮中有武曲、廉貞星者，（不論有無其他星曜同宮），皆會覺對方熟悉、親切，並因良好默契的循環更熟悉、親切。

※武曲星與七殺星

武曲星與七殺星在命盤中有機會同宮或相互會照，前者開發，後者承擔、領導。在人生的路途上相遇，可能有一段時候藉助彼此的力量，增長自己，這源自於兩個理由，其一：七殺星的大將之風與使命感，可能用於世界各地南征北討，而武曲星之開發，亦不會固定於同一定點，本著相互尊重的態度相處，易覺得彼此難忘。其二，二星都是屬於想法與行動幾乎是直接連線型的人，所以彼此可以交換意見後，共有實際的行動。

互相尊重與互相珍重，是武曲、七殺二星所共持的交友態度，故而爭吵時少，自省時多，但是七殺孤獨，武曲開發，同中之異，未必能使他們長相聚守，分離時在精神層面中保持其「同」，即使分離，亦永遠惦記對方。只是，有緣相聚的武曲與七殺星，未必在相聚時完全體會到這些，而眞正去珍惜對方。只要避免相聚時因聚少離多而互生埋怨，覺得對方不重視自己，就可以建立最好的互動關係。

※武曲星與破軍星

武曲星與破軍星在命盤中有機會同宮或相互會照，二者不會排斥對方，有許多機會可以併齊努力，尤其二星皆具有開發的性質，所以也可能成為人生路上相知相惜的好友。

大多數的武曲星，對破軍星的變化開創或是衝突個性有所排斥，給破軍星不少鼓勵與支援，使破軍星願意爲武曲星努力並且表現，因而破軍星亦希望與武曲星成爲好友。

※武曲星與貪狼星

武曲星與貪狼星在命盤中有同宮或會照的機會，日常生活中兩者也很容易相會，對對方可能還會產生「不管喜不喜，總是要試著相處，並且彼此接納對方」的現象，由於有相處並接納對方的意願，也製造了良好的友誼基因。

在人生的過程中，有能夠評估檢討的朋友，爲未來的開發而努力，其實是很好的組合與搭配，如果彼此能夠欣賞對方的優點，運用對方的長處，不但是知己好友，還可以成爲合作夥伴。

不過當評估檢討與開發一樣重要的時候，則形成制肘的局面，使人裹足不前，有時雖爲好友，但是還會有互相比較誰先達成任務的情形出現，當事人也會覺得自己有些矛盾，但並不影響眞正的友誼，尤其是在了解其中狀況之後。

※武曲星與天府星

武曲星與天府星有同宮或會照的機會，而且只要武曲星與天府星同宮或會照，必然也會有機會照到天相星，這種組合，充份表現了開發中不失平衡、諧調的意義。

天府星穩重保守，武曲星落實開發，而穩重與落實的基本性質相近，使得這兩顆星曜能夠成爲惺惺相惜的好友，互相欣賞對方的穩重，也互相了解對方穩重落實的背後意義。

儘管武曲星的終極目的是開發，天府星的保守中亦不排斥開發，只是武曲星比較向外開發，天府星較不在意向外或向內展現。武曲星不排斥求助於人，天府星比較在意自己的能力，不過這並不會影響這兩顆星曜的相處，尤其是彼此體會到各自的優點以及相似點之後。儘管日常生活中，武曲向外展現的意願較強，對天府星並不會造成明顯的引誘或不良影響，天府星仍能以保守的姿態，面對武曲星的開發。

二者可以在工作上互爲表裡，內外協調一致，但是如果爲反對而反對，只要有些小小的不同，就會成爲和諧的障礙，不過藉於天相與天府星的協調能力，所有的障礙皆是暫時的，武曲星與天府星可成爲終生的好友。

※武曲星與天相星

武曲星與天相星在命盤中或同宮或互相會照，尤其是天相星與天府星永遠互相會照，則武曲星與天府、天相二星總有相互的關係。

武曲星與天相星很容易搭配組合，雖然各自有不同的個性想法，武曲星開創，天相星較保守，但可互相平衡，使保守中有開發，開發中又有一定的原則及範圍。

當武曲星遇到天相時，即使剛開始可能會覺得有些格格不入，但是只要有環境機會，使其長期相處，自然容易成爲互相尊重的朋友。也許天相星對武曲星的某些作爲不以爲然，但是秉著其天生樂於助人的精神，會幫助武曲星，並且接納其大部份的做事態度，而武曲星也極樂於以相同的方式與天相星相處，彼此成爲和諧的搭檔。

※武曲星與太陽星

武曲星開發，太陽星博愛，在人生路途上會產生落干交集點，尤其是共同爲了人類的福利，或者是某些具有開發性質的工作時，也有一段共事的機會。

做事有一定進度，有條理的武曲星，剛開始時可能會看不清楚太陽星眞正的目標與意向，因爲廣大不容易有短期規則性的展現，但是開發與廣大，本身都具有向前、向上的特質，只要沒有成見，可因彼此溝通，產生私人的情誼，攜手同行。

※武曲星與天機星

武曲星比較有主張，而天機星雖亦有主張，卻以隨和或多變的方式展現，這兩顆星曜在「主張」部份可以互相吸引。

對武曲星而言，天機星是新鮮、有生命，而且似乎是來自另一個世界的人。天機星的存在可以刺激武曲星，使其產生許多新點子、新構想。

天機星以其聰明才智，頗容易了解武曲星的特質，也願意學習其優點，對於天機星而言，武曲星這種朋友，値得信賴，也欲學習其穩重落實的態度。

由於武曲星有開發的特性，天機星隨緣變化，人生中或會有一段時期的交會，也可能共同開發，面對開發中的變化而共享心得。

※武曲星與天同星

儘管武曲星與天同星的性質不儘相同，但是卻能夠如家人般相處。也許武曲星的開發，兼有包容之意，而且天同星的福，也有廣澤天下的胸懷。所以二者在一起並不會太計較你、我的不同。

積極的武曲跟比較注重享受的天同的人生大目標、大方向不太一樣。不過二者的交集點根本不在於此，故也有機會相互調適，即使有些小小爭執，諸如：「你比較閒散」、「你爲什麼這樣緊張」等等，仍然能夠以親人般的感覺去處理、面對。並且互相幫助，各自放下成見。

※武曲星與太陰星

注重開發的武曲星，雖然不會像破軍星一樣沒有後顧之憂，但遇到了心地光明，又能夠發揮母性溫柔撫慰的太陰星，也會覺得受到了關照與照顧。當站在積極向前，努力開發的立場時，太陰星如果有太多的規勸，則使武曲星認爲那是枝節葛藤，可以先放下不管。

太陰星較易了解武曲星，因爲寧靜沉斂的人，較有機會觀察所有的事物，太陰星並不是反對開發表現，只是不把人生重點設定於此而已。代表月亮的太陰星，本身就是一種「光明的開發」，當武曲星與太陰星能夠互相認識對方的特點，知道彼此也有相似之處時，一生都會有共同的話題。

※武曲星與巨門星

武曲星的開發較偏向於物質，並且讓人看到其積極努力的精神。巨門星的開發較偏向於傳導、聲光、言語，引申出其物質方面的表達及疏通。二者其實都有從這一端到那一端的開發疏通性質。若分工合作，將可以在大團體中各自領有一片天空。

在個人世界裡，可達到各自努力，互相分享的效果，由於處理事情的態度不同，以及爲人方向也未必一致，所以武曲星會覺得巨門星太驕傲，或是說得太多，做得太少。巨門星也可能認爲武曲星很驕傲，說得很多，做得很少（其實是錯覺或相互投射)。如果查覺到這樣有趣的結果，或許從此成為好朋友呢。

※武曲星與天梁星

武曲星容易表現出積極的態度，而天梁星有時候會予人懶散的印象。如果兩顆星只憑第一印象或是粗淺的了解來認識對方，多易產生誤會。

其實天梁星何嚐不積極，只是向著清高去努力，並在意悠閒的生活方式。只要把重點放在積極，而不管其目標，二者很容易惺惺相惜，從此交換意見，能夠像一家人般的互相體諒、關心。而家人中各自有各自的行業及表現，也能夠互相分享。

武曲、天相、天梁星，前者為財，後者為蔭，可以形成「財、蔭夾印」格，也就是共同為一種良好的形象，正當的事業而努力，如果同組一個家庭，共有一群子女，選定了相當的目標，互相鼓勵配合，也能教育出良好的下一代。或在工作團體中培養共識，在工作中造成很好的結果。

也許武曲、天梁二星在人生中只有某個階段性的交會，但這個偶然，卻是頗能讓人回味的。

廉貞星

※廉貞星與七殺星

廉貞星與七殺星在命盤中有機會同宮或會照，二者可以合作，並共同表現，又樂意使對方了解其努力負責，以及表現其努力負責的結果。

七殺星遇到廉貞星會覺得不再孤獨的承擔，似乎有人能夠解其心意；如果具有沉默個性的某些七殺星會因有廉貞而敘述內心深處許多想法，有時甚至不須多言，廉貞星亦能體會。

廉貞星亦喜歡七殺星，因為廉貞星體會多種人生，對於七殺的獨立奮鬥，也較能了解，尤其當廉貞星「表現」出了解七殺星時，其所得到七殺星的反應，頗能使廉貞星感到寬慰，因此不一定有似曾相似的感覺，不需有一家人的共處，未必見得常常有機會在一起，廉貞與七殺，仍然會有一份相知的感覺。

※廉貞星與破軍星

廉貞星可結交任何朋友，當然也包括破軍星在，豪邁、勇敢的破軍星，了解廉貞星的用心與作爲，未必會排斥或保持距離，因而可有所往來，只是有時因環境，而不能長久保持友誼。

廉貞星經常遇到破軍星（或是與破軍星與其他星曜同宮），能夠合作也易溝通，若有六吉星三化星的配合，不但易成知己，也頗容易讚嘆對方的優點，也因能夠讚嘆對方，故形成良好人際關係的基因。

※廉貞星與貪狼星

廉貞星與貪狼星的共同特性是表現，廉貞星表現一切，貪狼星表現成果。似乎是很自然的反應。但仔細探究，仍然是經過一番檢討、反省、評估之後，才反應於外在。貪狼星亦有此特性，所以廉貞與貪狼一旦相遇，頗容易成爲好友。

人群或團體中，廉貞星很容易發現貪狼星與自己甚爲投契，貪狼星亦不例外，故而總有某些方面的交集，可使他們沒有溝通的障礙，在人生的某個階段，可以一起努力。即使因環境而分開，也會記掛著對方，甚或爲自己製造機會往來。

世界上沒有兩個人是完全一樣的，廉貞與貪狼星也不例外，貪狼星可能會覺得廉貞星過於敏感，有時廉貞星易因爲自己經過深思熟慮自然反應於外，而覺得貪狼星思慮太多，或因此有爭執，經過溝通之後，仍是好友。

※廉貞星與天府星

聰明敏感的廉貞星與穩重厚實的天府星，似乎是兩個不同的個體，卻很容易成爲朋友。廉貞星對自己的觀察頗有自信，他知道天府星是好人，亦是值得結交的朋友，故而樂於交往，甚至傾吐心事。

天府星對於自己的內心領域頗有自信，能給廉貞星安全感，廉貞星又能帶著天府星，超越一些平常給自己所設的限制。因而兩者相遇，可以輕鬆的去看電影。也許談一些較有內容，或是平常積壓於內心的話題。

並不是每個廉貞與天府星都能夠成爲知己好友，但交惡的機會也不大，也許是因爲兩顆星相遇，彼此都願意以誠對待對方吧！

※廉貞星與天相星

廉貞星表現，天相星平衡，二者相遇似乎有些衝突，在廉貞星眼中，天相星也許沒有什麼特色，所以也不會特別在意，或者是爲了天相星而表現些什麼，反而使廉貞星有機會放下自己的習性，不執著於一定的表現方式。

天相星有屬於自己一套規矩原則，年齡愈長，愈自然融合在自己的生活方式之中。他可以與任何人相處而始終保持自己的原則，故也不排斥廉貞星。如果有機會使二者自然相處，也會產生良好的友誼，並成爲彼此的借鏡。

※廉貞星與太陽星

廉貞星的表現與太陽星的光明有共通之處。光明本身也是一種表現，不過比較起來，太陽星的表現比廉貞星自然些。

如果廉貞星的肯定自己，多能與太陽星惺惺相惜，或是共同從事與社會大眾福利有關的事情。即或沒有機緣共事，也會有許多抱負理想可以溝通。

廉貞星可以與任何人相處，爲任何事表現，太陽星則可以照耀任何事、地方。在人際關係中有相同的「寬廣」，所不同的是廉貞星與人相處時，是有理想的；或爲工作，或爲推銷產品，或是探索人性。太陽星則只有單一的「照耀」。

如果各自執著自己的想法，則成相處障礙。若皆把目標定位於使自己心胸更寬大，即成良好友誼的基因。

※廉貞星與天機星

廉貞星與天機星皆能清楚的看清對方個性的優缺點、行爲模式，並決定要不要與此人接近。

反應迅速，是二者共同的特質，但其反應的方向，有時並不完全一致。儘管天機星亦是人際關係中的高手，有時亦會讚嘆廉貞星細心及面面俱到。

廉貞星也知道天機星本性善良，願意與每個人和樂相處。廉貞星有時會在心中有所揀選，明知不喜歡某人，仍與其相處，覺得這是風度與修養。

當廉貞星遇到天機星，似乎可以互相交換交友及處事心得，並互相鼓勵。

※廉貞星與天同星

也許在一些交際、娛樂、休閒的場所裡，廉貞星與天同星有機會時常相見，並且有著共同的話題，曲終人散之後，也留給彼此良好的印象。

天同星在處理人際係時，總是大方自然，其實大方自然並不是每一個天同星所天生擁有的，某些天同星是由膽怯、內向，而演變到大方自然（或者是壓抑住自己內心眞正的感覺），無論如何，天同星不易有複雜扭曲的心思，也不會主動害人，因此也不易使他人有所提防。

廉貞星可以把自己的心思一五一十的告訴天同星，天同星也能夠支持幫助廉貞星，卻不一定有太多煩惱，可以與廉貞星共享，因以廉貞星的細緻，多會主動替天同星設想並解決問題。與天同星在一起，廉貞星容易感到快樂無憂，而天同星則會覺得與廉貞星在一起，也十分有趣，這亦是良好的友誼基因。

※廉貞星與太陰星

廉貞星易欣賞太陰星的表現，入廟或旺宮的太陰星的表現，多予廉貞星以溫和、平靜，又不失風度、大體的感覺。當廉貞星欣賞太陰星的言語行爲時，自然也會與其接近，或是願意去學習了。這也是二者友誼的良好基因。

分屬兩個不同系列星曜的廉貞星與太陰星，在生活中未必有機會能夠時常在一起，但是相同的大限或流年也會使彼此產生友誼。能夠配合與援助的太陰星，深深了解廉貞星，畢竟廉貞星的表現，是爲了求全與完美，太陰星於其表現中展露了完美，彼此有許多相似之處，也願意以對方的美德互爲借鏡。

※廉貞星與巨門星

廉貞星與巨門星可能是在不同的場所裡，各自活躍的兩種人物。表現與傳達本來就具有相似的意義，只是用不同的方式而已。當二者同時出現在一個場所的時候，可能會對對方產生好奇心，或願意凸顯對方的表現。儘管有時廉貞星會覺得巨門星驕傲了些，或太有自信。而巨門星也可能會覺得廉貞星表現得太多，但是只要了解到這一部分，可各自成爲人生舞台上的兩大要角，彼此襯托，互相配合，才能夠演出眞正要表達的人生目標。

※廉貞星與天梁星

廉貞星與天梁星代表著兩個較不同的角色，若說前者是代表「在朝」，後者即有較偏向「在野」，但這仍然是表面的現象。廉貞星固然有從政爲官者，天梁星照樣也有居高位者，廉貞星或有民營企業的負責人，天梁星也不乏經商者，其重點在於彼此所要表現的不同。不管各自要表達的是什麼、站在表現的立場，二者皆有表現。其意圖表現的心相似。

不論外在的環境如何，內心世界又怎樣，廉貞星與天梁星並不是註定了的死對頭。雖然可能互相看不慣彼此的表現，但經過溝通與了解，仍能尊重對方，甚至成爲好友，並以對方爲自己的學習榜樣，畢竟表現是爲了表現自己的內在，而其背後有許多的原因（請參看《紫微斗數看命宮》溯因部份）。當彼此皆知道自己的表現成因所在，就更能接納對方，也能接納所有的人了。

七殺星

※七殺星與破軍星

七殺星與破軍星在命盤中永遠呈一定秩序，並互相會照。

嚴格說來，二星皆是將領，其差別在於七殺星是總策劃，破軍星是總領隊，七殺星雖在第一線，但未必親戰，破軍星則多在第一線。七殺星思進退，考慮前因後果，破軍星則把前因後果，進退全部記下，一鼓作氣而出擊。二者有這微妙的相互依賴與共生現象。

七殺星遇到破軍星，能互見彼此的「總」承擔、勇氣，以及努力，容易馬上分辨出對方與自己相似之處，卻都能自然的接受對方，或共事、或成為朋友；而後有默契、雖有談不完的話題，也是極其自然，畢竟二者總是互相會照，早已建立了「你我不分」、「互相瞭解」的良好基因。

※七殺星與貪狼星

七殺星與貪狼星在命盤中永遠互相會照，以順時針方向看，七殺星永遠在前，貪狼星永遠在後。

以上述方向看兩星的關係，不足以說明全貌，若貪狼星在前，則尾隨的是破軍星，其次才是七殺星，這足以表示，七殺星若是前線的大將，則貪狼星隨後檢討戰績；如果貪狼星於事前評估，則破軍星衝鋒，最後承擔的是七殺星。

若說七殺星與破軍星有默契，你我不分，互相瞭解，那麼七殺星與貪狼星則是互相砥礪、配合，不但分擔人生中努力的結果，而且還必須完全信任，包容對方。

當貪狼星在前，提供七殺星評估的意見時，七殺星必須「相信」並考慮其建議，而七殺星結束努力時，貪狼星則包容一切結果，這樣的友誼，通常使當事人感動、珍惜。

七殺星與貪狼星也深深瞭解，誤會與排斥，會使得永遠互相會照的「竹籬三限」，難以在變化中展現凝聚的力量，只有增加矛盾衝突。

※七殺星與天府星

戰將七殺星有著自許以及略帶自負、自省（當事人未必查覺）的孤獨，自立王國的天府星卻有著自知以及自求，自負的自我空間。

孤獨與自我空間乍看是兩不同的名詞，卻是兩種不同個性的人對「自我」現象所做的解釋，七殺星以孤獨來解釋，顯然也要表示「沒有分享者、沒有陪伴者」，天府星用「自我空間」形容，卻表示不在意「有沒有分享者或陪伴者」，儘管二者於孤獨有不同的體會，卻有若干孤獨的時刻與現象，使七殺星與天府星總互有熟悉之感。

命盤中二星永遠互相會照，也有著互相配合、牽制、協助的關係，現實生活中，常有機會相識或共事，通常也能看到對方的優點，而願意多接近，例如七殺星覺得天府星穩重、善良；天府星看到七殺星的勇敢、獨立，彼此也終能在「孤獨」的認同上，互相疏導、平衡，在空間中有孤獨，孤獨中有空間。

※七殺星與天相星

七殺星與天相星，前者為既聽命他人又領導他人的將才，後者則為一人之下、萬人之上的相才，將與相相遇，多能惺惺相惜。

七殺星象徵武職，天相星多代表文職，互可以學習對方的長處。例如七殺星學習天相星的平衡，天相星學習七殺星的勇敢與堅持。

儘管兩者未必見得有機會共事，卻願意長期維持友誼，皆有可以互補長短的感想。

※七殺星與太陽星

七殺星與太陽星，前者為將，後者為王，不過七殺星並不是專門聽命於太陽星的，不妨礙成為好朋友，在紫微斗數的規則中，七殺星較偏向做為紫微星的屬下，因此與太陽星相處，也許在過程中會有些意見不合之時，但結果是有友好完美的。主要在於太陽星能夠包容。而七殺星也有理智，可以適應對方。

※七殺星與天機星

七殺星與天機星看來並不是同一國度的人，不過二者卻有類似的聰明才智，七殺星永遠走在前面，衝鋒陷陣，獨自承擔，並以行爲來表現。而天機星則是永遠在新鮮、點子上走在他人前面；有時以觀念表現，有時亦以行動帶動。彼此都會認爲對方是聰明的人。只是有時候做事態度不太相同罷了。

儘管二者都可能有些助手，或是貴人，但是七殺星較多機會獨立承擔、負責。而天機星比較喜歡運用外界的援助或關係。當彼此想到對方的優點時，也是其良好友誼建立的時候。

※七殺星與天同星

七殺星與天同星是兩個完全不同的個體，尤其在觀念上有著極大的差別。

七殺星積極、努力、有機會承擔也能夠承擔，天同星雖也有上述意義，但是卻隱藏在注重精神、物質生活享受的需求之後。故而當七殺星遇到天同星，常常各說各話，遇有煞星，稍不留意，可能引起辯論，也或水火不容。

其實七殺星並不是不在意精神、物質生活享受，而是較看重積極、承擔，通常在休息很久，也休息夠了的時候，才有意願努力，因此展現七殺特質；當自覺疲累，難以承擔太多重擔時，多會考慮解除精神或身體上的壓力與負擔，而再度轉爲注重休閒。而天同星在休閒夠了之後，何嘗不會想到要積極努力，與其說七殺星與天同星是不同的個體，不如說二者是同一時間流程中的先後人生表現，若說七殺星與天同星在觀念上有著極大的差別，不如說二星是同體的兩面。

更嚴格的說，當七殺星在積極努力的同時，已種下了日後休閒的基因，而天同星的注重休閒，也是爲走更長更遠的路而充電，更何況天同星積極努力的安排自己的心情空間、物質享受，七殺星以積極承擔爲自己的最高身心狀況指標，又何嘗不是一種享受？

※七殺星與太陰星

看起來積極負責的七殺星與溫和寧靜的太陰星似乎不很搭調，但孤獨寂寞的時候，七殺星格外需要像太陰星般的朋友傾訴心事，主要是因爲太陰星有援助配合的特質，而這正是時常獨自面對著許多責任的七殺星所需要的。

或許平常沒有機會交往，以後也不一定有機會合作，不過只要認識了入廟或坐在旺宮，或者會照吉星的太陰星坐命者，多半使七殺星留有深刻的印象。也許在經過一番內心的掙扎（要不要放下身段）之後，或是在太陰星的主動表示關懷時，二者即有機會成爲好友。

太陰星了解七殺星積極努力的方式，其實太陰星亦以另外一種方式，表現其積極與努力，承擔太陽不在時，夜間的提供光明，故兩者也有可溝通的內容，並且可以互相學習、平衡。

※七殺星與巨門星

七殺星獨立堅強，巨門星能夠忍耐人生不成功時的黑暗期，如果七殺星遇到巨門星，經過溝通之後發現了彼此的共同處，很容易成爲知己好友。

如果只看到彼此的外在狀態，也許七殺星或會覺得巨門星多言多事，或是不善於表現自己，雖然很努力，總是白忙一場，抓不到要領，而引發出七殺星積極的個性，願意勸導、分析（其實極可能是七殺星的錯覺）。

當還沒有琢磨成器的巨門星，看到七殺星的積極努力，也會對對方有固執己見的錯覺，或因自己總是隱忍著，而覺得彼此是兩個世界的人，其實這只是人生的過程不同，以及彼此堅持的觀念有異而已。最後通常可以相互學習。

※七殺星與天梁星

七殺星與天梁星表面上看起來並無相似之處，尤其是積極又負責的七殺星與喜歡清高且易遺世的天梁星，似乎難有人生的交叉點。

因此在彼此交往過程中，可能會產生誤會，七殺星或覺天梁星懶散，而天梁星又覺得七殺星過於緊張，不過兩者都是在意收穫的人，七殺星喜歡看到自己的積極努力的答案，天梁星則在意於收穫人生的悠閒、自在與清高或堅持。

站在收穫的角度上，二者實在有可以討論的共同內容，更細緻的來看，七殺星並不是祖上無德，沒有貴人庇蔭，只是不把重點放在此，否則怎麼會成爲他人的愛將，而受到他人託付其實也就是貴人與庇蔭。天梁星也並非要躲在大樹下悠閒，當多年的努力有了結果，暫時的休息是天梁星所需要的。

七殺星亦有休息，只是短暫，也有庇蔭，兩者都會經歷彼此的人生現象，也可以交換心得。

破軍星

※破軍星與貪狼星

破軍星與貪狼星同屬「竹蘿三限」的組員，似乎天生就有著共同戰鬥的理念，一人負責向前衝，另一位則負責評估與檢討，眞是好搭檔、好哥兒們。日常生活中頗易有合作並共同表現的機會，或因爲工作而結識，或在其他環境中自然相識。並於其中再度製造屬於雙方的默契、成就感，也許破軍星偶爾會覺得貪狼星計較得多些，不久也會自然接受其建議，而有了謹言愼行的人生態度。

貪狼星也可能認爲破軍星做事有欠考慮，但也會欣賞其魄力以及豪爽的態度，其實眞正的破軍星細心，亦有超然的見解，貪狼星也不只執著於評估檢討，相處日久，兩位英雄好漢都會看清楚這一點。

※破軍星與天府星

破軍星通常頗易對天府星產生好感，表面上看來，破軍星的言行與天府星分處兩個極端，但對天府星的穩重與冷靜十分讚同。

天府星也不排斥破軍星，願意把對方當作自己的好友，當破軍星凝聚全力出擊的時候，表面上看來似乎是一切不顧，但其內在絕對是穩重與冷靜的。

未必每個破軍星都了解自己的內在，無論了解或不了解，皆足使其與天府星惺惺相惜。故而二者相遇，談話的內容多有深度而細緻，這亦是成爲知己好友的良性基因。

※破軍星與天相星

破軍星與天相星在命盤中永遠互相會照，具有互相平衡的意義，平時單打獨鬥，或可能挺而走險的破軍星，有天相星相伴，多使自己在言行、計劃各方面都得以平衡，並三思而行。注重規矩、原則的天相星遇到了破軍星，也會檢討自己的規則，是否使自己因而受到限制，而無法進步。

兩星在命盤中永遠互為對宮，早就有了互相平衡的默契與必然，是天生的搭檔。

※破軍星與太陽星

破軍星與太陽星看來是兩個世界的人，前者衝鋒陷陣，後者展現光明，不過就其展現的力量而言，卻是有共通處。

破軍星在衝鋒陷陣之前，必須要有凝聚、蘊釀，而太陽的光明中心點，也具備凝聚蘊釀。兩者相遇，能互相了解彼此的定力及凝聚。此外，全力出擊的破軍星，能夠體會全力以赴是當下的開發性，而展現光明的太陽星也有相似的性質。這亦是可使彼此溝通的話題，與惺惺相惜的部份。

※破軍星與天機星

破軍星與天機星都十分聰明，並且多展現於開發方面。

破軍星的聰明經常不露痕跡而展現於大事，其開發則不限任何範圍，只要有命令就會去執行。天機星的聰明展現於各種大小事情，粗中有細。其開發有時候是爲了自己，有時候是爲整體或執任務。

破軍星與天機星常常可以一起去策劃、執行某些事情，同時在團結中還有分工，當彼此體會到共同的優點時，亦能成爲好友，並互相欣賞對方的機會與幽默，因爲機智與幽默，可能是兩者腦力互激而產生的，亦是其友誼的良好基因。

※破軍星與天同星

注重開發的破軍星及注重享福的天同星，也有其共同之處。

其實天同星也注重開發，但偏向開發精神或物質享受。破軍星以開發爲開發，如果成效很好，也會很希望有精神或物質方面的享受。二者能互相關懷，若共事，或會覺得意見不相似，任務亦不同，或各執一端。其實只要把分工次序安排好，亦會成爲知己好友。

※破軍星與太陰星

破軍星能夠欣賞太陰星寧靜之美。事實上，很多破軍星即使在忙碌中，也隱隱感覺到自己與太陰星有幾分相似之處，因爲出擊之前的破軍星自有其凝聚與準備，與太陰星「配合與援助」的性質相近，亦可互相配合。因而破軍星喜歡太陰星，太陰星也能支持破軍星。

破軍星積極，太陰星冷靜，前者是外在的行動力，而後者是內在的動力，二者若發現這種特質，裡應外合，在各種時空中能夠互相搭配。

※破軍星與巨門星

破軍星與巨門星，前者全力出擊，後者傳達，都具有表現的性質，也有成為超級巨星的可能。

破軍星的力量在凝聚之後出發，而巨門星的力量則是準備之後出發，使二者容易在言語行為上表現自己，也易有互相溝通的機會，尤其雙方都是以展現成果（前者是全力出擊的成果，後者是傳達之後的成果）為人生目標時，頗易惺惺相惜。

破軍星與巨門星，前者可能因諸多出擊的表現，使人誤為好大喜功，或在多次表現之後，因表現自信，而使人誤為驕傲，巨門星也可能因傳達，而使人以為多事、多是非，尤其破軍星與巨門星互相誤會對方時，怕一時難以解說清楚，只要破軍星停下來凝聚一陣，巨門星退回去觀察一段時期，依然可以恢復友誼。

※破軍星與天梁星

一再開發努力的破軍星，與似乎天生就能事半功倍的天梁星不太相同，但當天梁星有煩惱，體會到自己需要突破的力量，以斬斷剪不斷、理還亂的思緒，可能會發現身邊的朋友中以破軍星較能夠處理這樣的問題。

破軍星平時多能快刀斬亂痲，或有時會留下一些後遺症，那就是還有許多細微思緒未經整理，因此也會看到天梁星清高、悠閒的意義，願意在忙碌的生活中，給自己製造一段空間，來處理自己，彼此能成爲對方的借鏡。

貪狼星

※貪狼星與天府星

貪狼星與天府星並不是很相似，但卻會互相關心，甚至還有一份相屬感，尤其是貪狼星經常覺得自己應該爲天府星做些什麼。除了生活上的關心照顧之外，也有一些保護的心態。而在保護中發揮了貪狼星事先評估，事後檢討的種種特質。

天府星對貪狼星的愛護照顧，也多能接受。不過有時也會爲對方分析愛護與照顧眞正意義及其範圍，以及在評估與檢討之中應該顧到那些。通常會建議貪狼星多以包容的心來面對人際問題。這種組合，也造成其良好的友誼基因。

❊貪狼星與天相星

貪狼星與天相星總覺得似曾相似，也因此互相接近，不論外人眼中貪狼星是如何被誤解爲計較、喜好競爭，天相星幾乎看不到這些，並且多能給予澄清美化。而貪狼星與天相星在一起，也不會覺得天相星事事規範、過度小心、太多規則、太多原則，通常感覺像是與自己親人般，溫暖自在。

❊貪狼星與太陽星

貪狼星與太陽星頗容易使人以爲是兩條平行線，一旦覺得對爲異類，而拼命使對方接受自己的想法時，就會成爲交叉線了。

要對方接受自己，於貪狼星是表現個性中強求的部份，太陽星則是表現陽光普照的責任感。於是可能各說各話，僵持不下，也可以成爲互相溝通容，這種矛盾而有趣的現象，唯有當事人細心體察才會發現。

因爲一時不覺，還以爲是在爭吵辯論，或是死對頭，等到發現其實彼此都存有希望對方稱讚自己的心態時，才會覺得調適得當，可能會成爲最要好的朋友。

※貪狼星與天機星

貪狼星天機星在命盤中永無機會會照或同宮，但有相似的特質。

貪狼星善於評估、檢討，多有應酬機會，天機星有交涉、企劃的能力，二者相遇，心細一點的人，彷彿覺得「他是和我一樣的人，只是使用不同的方法」。

所謂「一樣的人」指雙方皆有交涉、企劃的能力，只是貪狼星重於事前檢討與事後評估，在各種場所（包括娛樂、風月場所）中應酬，而天機星重於過程，亦不太強化其涉及應酬的場地與功能，把同一個任務，交給二者分別去執行，也許有相同的結果，不同的過程，以及相異的副產品、副作用，這也是「使用的方法」不同之故。

貪狼星與天機星可以很清楚對方與人「把酒言歡」的眞正意義，洞悉對方，是友誼中的一部份，以此「洞悉」，做爲整理對方、反省自己的妙方，會有相互砥礪的作用，但以此「洞悉」來尋找對方的弱點，或互相打擊，就要成爲陌路人了。

分合變化之中，也許彼此都會發現，周瑜與諸葛亮，沒有眞正高下，有的只是彼此自認爲的「我」，這個被膨脹的自我，其實只是人群中的一顆螺絲釘，一個棋子，化干戈爲玉帛，改爭勝爲自省，又是一番天下。

※貪狼星與天同星

七殺、破軍與貪狼三顆星曜，幾乎都與天同星有著不同的想法。其中唯獨天同星最容易表現出來。

所謂表現出來，指的是內心中有一番評估檢討，外在行爲上多採「人不犯我，我不犯人」的態度，彼此可能只有表面寒暄，一般的應酬。

直到有一天因環境造成，不得不近距離接觸或共事，則貪狼星或會發現自己與對方相比，實在是重視結果，在意得失了些；而天同星也會因貪狼星而改變一些做事態度，諸如「怎麼方便怎麼做」。

也許貪狼星會覺得天同星「只說不做」，天同星或也對貪狼星有「喜歡誇耀自己，其實也沒那麼好」的誤解，長期相處，可使兩人看到自己也有不足，需要以對方的長處補己之短，而視彼此爲人生路上不可多得的朋友。

※貪狼星與太陰星

貪狼星與太陰星有時會互相欣賞，也可能互相比較，貪狼星欣賞太陰星的平和，不強求表現，不誇耀自己。而太陰星則覺得貪狼星勇於表現，又擅於表現。

當把對方優點看成缺點的時候，貪狼星易覺太陰星故做清高。而太陰星又覺得貪狼星強求的背後，有著不平的心境。如果兩人就彼此的反對意見加以溝通，倒是可以互相增長，奠定良好的友基因。

※貪狼星與巨門星

貪狼星能夠發揮其評估專長，了解巨門星傳達的意義與目的，巨門星也能以其特質，傳達出貪狼星檢討與評估的好處，兩者因此可以互相了解欣賞，進而合作。

在團體中，也許二者初識會覺得「爲什麼要跟他在一起」，日久會驚訝的發現「世界上竟有這種人」，因彼此的好奇而成爲好友。

有時貪狼星會基於評估的本質決定與巨門星的交往應到何種程度，或是在環境自然變化中暫時中止友誼。善於疏通的巨門星，卻能夠協調彼此的意見與觀念，因爲疏通、檢討的配合，而使得彼此成爲眞正的好友。

※貪狼星與天梁星

貪狼星有事前評估與事後檢討的特質，天梁星對於自己工作崗位所處環境，也有評估與檢討的現象，儘管雙方評估及檢討的內容與對象不盡相同，當貪狼星需要以清高及悠閒作爲目標的時候，就與天梁星有話可談了。

天梁星與貪狼星或許不能夠馬上成爲知己好友，卻有機會共事。如果讓貪狼星向外，而天梁星守內，就是很好的搭配。天梁星不太容易與貪狼星計較自己做得多或少，反而願意以配合的心情，甚或是讚賞的心情來面對貪狼星的努力，只要貪狼星的評估與檢討的箭頭不指向誰做的多少，並且了解互助合作中本來就有多與少的互補，則不論交友或是共事，都會有良好的結果。

天府星

※天府星與天相星

天府星與天相星永遠在命盤中互相會照，互相支持，互相平衡、彼此配合，其共同表現的是協調平衡。對整個命盤，以致於日常生活中的人際關係，也有這樣的任務。天府與天相星相遇時，或自然在工作環境中必須一起面對類似的問題，或在人群中協調平衡，或磨練自己協調平衡的心境以面對人與事。

大部份的天相星與天府星不會覺得對方陌生，也不會覺得對方熟悉，因爲彼此已熟悉到不需要再去訴說熟悉。天府星與天相星也不免有意見不合的時候，為此而認為對方不夠穩重、保守，或是協調能力不好。而忽略了其實彼此已是一般人中最具有這種能力的人了。

※天府星與太陽星

天府星與太陽星，前者保守，後者開闊，看起來分處極端，不過號稱保守的天府星未必真的保守，因為真正保守的人如同堆滿物品的倉庫，甚至連倉庫的空間都沒有了；而開闊對於太陽星也不過是形容詞，因為「開闊」還有心要開放，而太陽星的開闊卻是連開放的心都沒有。

站在空間的角度來看，太陽星可以體會天府星的空間，因為在其空間中是開闊的；站在開闊的角度來看，天府星也能夠欣賞太陽星的開闊。因為在天府星的心目中，自己也是開闊的，豁然與大度，也許是兩顆星曜所共同期勉自己的。因而相遇時，尤其是看到對方的這一部份，自然能夠成為好友。只要以此為目，亦可以在人生的過程中共同努力。

或許初相遇時，彼此有什麼誤解，甚或在相處過程中，也有溝通不良的時候，但是最終還是會看到彼此的優點，畢竟這樣的優點，是成爲良好友誼的基因之一。

※天府星與天機星

天府星儘管保守，但是在其所保守的空間內，卻是自由無礙的。天機星儘管隨緣，喜歡新鮮變化，因爲嚮往新的變化，反而以新鮮變化爲其範圍與空間。天府星知道天機星有一定的範疇，天機星也看到天府星的世界。基於這一點，使二者可以彼此了解，相互關心。

以保守穩重之心來度量天機星，天府星不太會覺得對方無法無天，倒是能夠看得到其隨緣的心態，並且願意學習。而天機星因看到天府星自成的國度，甚或體會到自己所喜歡的變化與新鮮，其實也是在變化及新鮮的國度中，因而使自己更穩重落實。

也許人生道路上二者的不期相遇，未必會激起友誼的火花，當有機會共事時，也能培養出良好的默契，其重點在於彼此都能欣賞對方的特質，亦知道自己有那優點。當人懂得欣賞別人的時候，必然也能夠欣賞自己。欣賞別人是造成良好友誼的基因。

※天府星與天同星

天府星頗容易爲一些個性積極、甚至有些急躁，並且願意或認爲自己應該承擔一切責任的人所了解，不過穩定的天府星卻從來不會把不符上述現象的天同星排斥於友誼門外，而多以接納的心態來面對。也因爲如此，使天府星與天同星，有機會成爲眞正的朋友。

在天府星眼中，似乎看不到天同星的缺點，即或有些，也不認爲該去計較，多會尊重其應有的特質與發展。

天同星雖然有自己的天空，也能夠看到天府星的天空，畢竟天同星在精神、物質享受的訴求中，包含有自己天空的意義，兩者可以稱兄道弟，儘管不一定有機緣時常在一起，但必有類似可談的話題，某些相同的理念，在大限流年可以配合的時候，也會有一段共同的時光。

※天府星與太陰星

天府星與太陰星看來雖然是兩個系列的星曜，彼此卻有一種與生俱來的熟悉感。而且能夠互相學習、關心。並且體會到彼此之間有著相同的特質，這種特質甚至不需要彼此去說明或突顯，就已經自然的爲彼此所熟悉了。

天府星了解太陰星的配合、援助的特質，以及超人的韌性，多半不會以強者的姿態出現，多較爲溫柔與和平的心境。大多數的天府星會對入廟或坐在旺宮的太陰星持有相當程度的認同。太陰星則容易對天府星有手足之情。有時候，這種手足之情細微到當事人也不會查覺，多會流露於自然的照顧、關心的言語行爲。

即便是天府星有缺點，在太陰星眼中也是可以包容與忍讓的。若說天府星與太陰星之間有友誼，倒不如說有親情般的友誼來得恰當。

※天府星與巨門星

天府星與巨門星，二者一保守，一疏通，好像一個在內，一個在外，相互配合有安內攘外的效果，甚或是我做你說的成績。

如果為了工作而有所配合，天府星多以企劃為重，或以坐鎮來表現。而巨門星可能是外圍的宣傳者、疏通者，或將天府星的企劃表現於外。

天府星通常能夠欣賞表裡一致，但又頗懂得運用各種方式表現自己優點的朋友，這種朋友，會使天府星覺得對方既有意思又聰明，還可推心置腹。入廟或旺宮的巨門星，即具有這類的特質。

巨門星也能欣賞天府星的穩重落實，覺得自己也需安靜下來面對自己，有助於未來的種種發展，因此也喜歡與天府星交往。儘管有時會覺得對方太保守或者是太自肯，卻能夠在看到彼此的優美之後，互相學習。

※天府星與天梁星

天府星對於人際關係並沒有格外的要求，通常採取比較保守的態度交朋友。

有時候在其工作環境中必須要廣結善緣，使天府星的交友態度綜合爲廣結善緣也罷，保守也好，一切順隨自然。這種順隨自然的心態，與天梁星的交友態度近似，因而成爲朋友。

所不同的是，天梁星在交朋友的時候，較易隨自然的有所揀選（而天府星是比較容易雀屏中選的）。儘管天府星並不是像自己一樣的清高，不過「保守穩重」是天梁星願意揀選的交友條件。

天相星

※天相星與太陽星

天相星與太陽星也許不容易馬上成爲知己，但也不易互相排斥。天相星的誠信與平衡，與太陽星的開闊不相衝突。也可以看到對方的優點而彼此增長。

天相星與太陽星能在團體中各自負責不同的工作，可以互相組合，也可以互爲對方的上司。例如太陽星發號施令，而天相星制定規則。或是天相星制定規則，太陽星予以指導，而成爲很好的搭檔。

※天相星與天機星

天相星與天機星，前者平衡協調，後者喜歡尋找新鮮刺激，而在久經歷練之後，產生隨緣的心理。

天相星的平衡協調，看似本性，其實也是源自於不喜歡雜亂無章、不平衡協調的習性。天機星的喜歡新鮮，其實也不是天性，主要是不喜歡固守不變，因爲認爲如此則不進步。

天相星與天機星有平衡協調的性質，並且也都喜歡新鮮變化。因爲天相星由不喜歡雜亂無章到平衡協調，也寓含著變化的意義。如果天機星覺得天相星呆板、固守成規，顯然有些誤會。亦沒有看到其在平衡協調中也有著新鮮、活潑的一面，其中亦蘊藏相當的智慧與修養。

天相星若覺得天機星隨時隨著環境變化，似乎也錯看了對方，因爲天機星其實以不變爲本質才會有這種變化產生。不變與變是互相反映的。也許二者不一定能夠快速成爲朋友，一旦有機會相處，也終能了解對方，並在工作上配合。一者負責變化，一者負責管理，稱得上是裡應外合。

※天相星與天同星

天相星平衡、協調，因此不會使自己長期處於緊張的工作或者是某種固定的型態中，此星絕對認爲精神與物質上的休閒享受十分重要。基於此點，建立了天相星接納天同星的良好基因。

天同星本願意與他人分享自己的種種快樂，一旦得到天相星的支持，彼此可以有共同的話題，也能結爲好友。加上天相星本來有與他人分享各種好事的胸懷，自然可與天同星共享彼此的心得，從精神或物質的享受，擴展到人生其他方面。

天相星與天同星只要奠定初步的了解，就不易排斥對方。

※天相星與太陰星

天相星與太陰星在命盤中沒有機會互相會照，但頗易有互相照顧、配合的心態，而且十分自然。共同工作時，不但看得到對方的優點好處，也能互相提攜。

太陰星容易對天相星產生信賴、依賴感。對一向包容他人、支援、配合的太陰星而言，這是很難得的感覺。

天相星亦一本其行俠仗義的精神，照顧、關心太陰星。其言語行爲中，有一份天生自然的親切，以及無所求的心。二者的友誼間，似乎也包含親情般的感覺。

※天相星與巨門星

巨門星與天相星相見，易有一家人般的感覺，二者的友誼世界是自然的。儘管兩人的行爲語言標準未盡相同，有時基本心態還能一致。畢竟天相星的協調平衡與巨門星的疏通，是一種現象的兩種表達方式。

協調平衡，好比要在天平的兩邊加減砝碼。而疏通則是要在思想觀念兩邊加以聯繫疏導。其差別不過是巨門星經常要表現於外，而天相星未必強調這種功能而已。

天相星與巨門星可因自然的親近感，使對方受到自己的影響，甚或沒有影響對方的意願，只是互相包容體諒，甚至互相管對方的「閒事」。

※天相星與天梁星

天相星與天梁星經常有各種合作機會，前者協調平衡，後者亦要在紅塵世界與清高的心情中去平衡自己。畢竟沒有幾個人天生就可以在完全如自己渴望的環境中生存。不免要在現實生活中協調平衡內心的想法。

天梁星對朋友雖有所揀選，但天相星絕對不是被拒於門外者。也不會覺得天相星的協調平衡是呆板的，或是無意義的。通常天梁星可以看到天相星的努力，並且讚賞天相星樂於助人。天相星由於能夠協調平衡，所以也可以包容各式各樣的朋友及其習性，也樂意去促成天梁星保有自己的心靈世界，發展其願望。朋友間有了這種感覺，也會格外珍惜對方。

太陽星

※太陽星與天機星

有許多星曜很容易爲對方所吸引，或是覺得似曾相識，或覺投緣。太陽星與天機星卻是很容易互相關心對方。儘管也有似曾相識或投緣的感覺，不過「關心」卻更明顯的存於二者間。以關心爲友誼的基礎，彼此的行業、個性、生活方式、興趣是否相同，似乎都不重要了。關心中有包容，也可以帶動照顧。不過有沒有共同生活的環境，互相照顧的機會，也不重要了，因爲關心超過了一切。

※太陽星與天同星

太陽星與天同星初見面時，至少其中之一會覺得對方可被了解，只是一時沒有去了解而已。如果眞的要彼此了解，也是很容易。二者之間除有似曾相識、互相關心之類的感覺外，還自然有種親切感。

太陽星代表光明，也有光明，光明是屬於大眾的。太陽的照耀從來不分彼此，而廣義的天同星所代表的福，亦沒有國土疆界之分，這是二者互覺自然親切的原因之一。畢竟人與人之間，一旦廣大而無界限，多易覺得自然親切。

太陽星與天同星可成爲好友，也可共事，可經由刻意的安排見面，或也很自然的相遇，其友誼由開始至結束，似乎也很自然，尤其彼此都意識到自己與對方有廣闊的心胸時，較能排解彼此的困難挫折，面對分離。

太陽星了解天同的所做所爲，能自然的包容。或有人認爲太陽星有些孤傲，或自以爲是，天同星卻也未必會有這些誤解。瞭解與包容，爲彼此奠定了良好友誼基因。

※太陽星與太陰星

太陽星與太陰星分別代表太陽與月亮的光明，亦被用來比喻陽性與陰性，二者相遇則猶如原本各自是半個人，終於形成一個完整的人了。

太陰星的寧靜與太陽星的熱情，因可以互相搭配，也可以融合，而樂於與對方交往，尤其是體會到共有的服務理念，無私無我的精神時，其中之一會覺得自己代表了全部。

儘管有時互相配合、替換，無法朝夕相處，或分居兩地，二者幾乎可以忘掉自己，全然體會對方的困難。雖然太陽星與太陰星也有意見不合的時候，（通常來自於各自認爲自己才是最正確、最重要的）。這時候堅持己見多會使對方有嚴重的挫折感，甚至互相逃避，使誤會加深，只要有第三者協調，或經過一段時日的自我整理，本著無私的心，仍會恢復友誼。

※太陽星與巨門星

太陽星具有光明，巨門星卻是古人眼中的「暗」星，二星同宮一直被認爲十分理想，那怕巨門星與太星只是互相會照，亦能夠使巨門星增加光明，太陽星遇「暗」也可發揮功效。

太陽星一旦與巨門星相遇，易覺對方是可交的朋友，或自然有機會見面，或自己製造機會，太陽星多覺巨門星是爽快的人，巨門亦覺太陽星頗有豪情。

其實太陽的光明與巨門的傳達具有相同的性質，光明要散播，有傳達的性質，傳達亦如同散播。不過太陽星與巨門星若皆落陷，有時或覺得有心結、有障礙，若因此於相處時謹慎小心，則會一次次化解彼此的心結障礙，每化解、溝通一次，友誼及光明必會增進不少。「光明」的星遇到「暗」星，也許不是表面上看來的太陽星照耀巨門之暗，也不是巨門星以其暗來襯托光明，而是共同顯現光明之眞、善、美。

※太陽星與天梁星

太陽星與天梁星，前者爲光明，後者是反映光明的蔭，在一起易覺得相互瞭解對方。因爲有蔭才能夠表現出光明，因爲二者相遇，會覺得彼此需要互相了解，甚或會覺得彼此存在是爲了對方。

天梁星經常以太陽星爲借鏡，認爲掃除心中的陰霾，是每個人一生中都應該去努力的事情。掃除陰霾的結果，則是清高無私。

太陽星則不分彼此，願意照耀任何地方，只有與天梁星建立共識，才能夠產生互補的效用，奠定良好的友基因。

天機星

※天機星與天同星

天機星有隨緣的特質，能夠隨變化而變化，自然而無求是其隱而不見的優點。天同星有福，故憂慮較少，雖然其有求偏向精神，物質享受，但是不喜歡與人爭執，沒有強烈的競爭心，故與天機星也有頗多相似之處，能夠惺惺相惜。

天機星與天同星頗易合作，也會覺得對方可愛，甚至成爲長期的朋友。雖然也有分離，但彼此都能夠了解，分離是人生必然有的現象，或也不會積極主動製造機會相處，但是會用比瀟灑的方式，例如以唱KTV，遊山玩水等方式互相邀，（即使是一同工作，也會在緊張中製造情趣與快樂），彼此奠定了願意共同生活、配合的良好基因。

※天機星與太陰星

天機星隨緣的本質中，可使其在任何狀況下，做適應當時所要的事情，因此引申出服務精神（只是部份意義）。太陰星也有援助與配合的意義，服務與援助、配合的性質相近，吸引天機星與太陰星成爲朋友。

二者也許不會主動去製造機會，因爲天機星可出現在各種場合，發掘各種機會，不論當時的環境多麼的複雜、紛亂，天機星都能保持一貫的敏感度。而素來寧靜沉定的太陰星，可與天機星的敏感互相交流，彼此或產生「我認識你，我了解你」的想法，這也是二者投緣的原因之一。

天機星與太陰星可以成爲好友，可以互相合作，能有相同的理念、人生目標。太陰星以其包容、配合、援助的本質，幾乎看不到天機星在他人眼中所顯現的缺點，彼此受到對方優點的影響，日久，易共同爲社會大眾盡力。

※天機星與巨門星

天機星隨順因緣，巨門星傳達，前者自然表現出變化，後者主動的由這一端傳到那端，製造變化，雖有自然與主動之別，但彼此不會嫌對方的存在多餘。

巨門星的努力，以及在努力中的等待，是天機星良好的借鏡，能使巨門星不致於過度隨而放逸或是自我放逐；當努力屢不見收獲，開始要對自己產生懷疑的時候，巨門星也可以天機的隨緣爲借鏡，體悟到等待不苦，在等待中埋怨強求，只是爲自己的命運製造磨難。

團體中有了巨門與天機星，大多可因爲彼此的激勵、影響，爲工作或觀念激勵出「新招」來，其中有智慧也有行動力，亦是二者良好友誼的基因。

※天機星與天梁星

隨緣的星曜與凡事事半功倍的星遇到在一起，猶如一對難兄難弟，形成隨遇而安的最佳拍擋。彼此的隨遇而安中，可以有許多計劃、理想，充滿了美麗的遠景，也可以把酒談天、遊山玩水。其友誼世界中，具備了世外桃源，以及不食人間煙火的各種原因。彼此都可能覺得對方是現代生活中的一帖清涼劑，消除緊張的妙藥與益友。

天機星與天梁星可以共事合作，不過強求拼命的事情，並不是他們所喜歡的，緊張的過程裡也可以爲對方或自己創造或想到共同的放鬆方法。經商並不是他們的最愛，因爲求財不是他們的眞正目標，若是經營不善，亦能體會到自己的做事態度與方式，本來就沒有賺錢的良好基因。

天同星

※天同星與太陰星

太陰星願意援助與配合他人，從某個角度來看，或是勞碌命，其所做的一切都是爲自己累積「來日他人幫助自己」的良好基因，更何況太陰星的援助是發自內心，自然而無爲。與天同星的福氣，頗爲相似。因爲有福的天同星，多也經過一番「願意爲他人福祉努力的」，自然而無爲的過去。

儘管二星在時間先後上並不搭調，但內心深處仍有似曾相識的感覺。因此太陰星與天同星都願意成爲對方的朋友，雖然於外在行爲的表現上，也會有些差異，例如太陰星明顯的會比天同星積極些，天同星雖然也積極，不過有時寧可積極於各種方向、層次的休閒。

由於太陰星能夠援助與配合，所以包容、接納了天同星的一切。二者可成爲生活上的朋友，也能共事，尤其是當其共同努力的目標，是爲了人類文化福祉，而不是汲汲追求屬於自己功利的時候。

※天同星與巨門星

天同星與巨門星在命盤中或同宮、或會照，前者坐命被認爲是福星高照，後者則是傳達疏通之代表星曜。

如果說「福星高照」是結果，那麼必有傳達疏通的力量，才能使福星高照，天同星的意義中，含有巨門星的力。

若說傳達疏通是結果，希望福星高照則成原始的動力，巨門星的表達中，含有天同星的期待。

當天同星遇到巨門星，也許覺得心中互有你我，願意也能夠在瞭解對方之後成爲好友或共事，雖然初識時也可能互覺對方「懶散」，「只想收成，不問耕耘」，或是「太過強化自己的辛苦」，只要願意眞心瞭解對方，就有機會發現自己的成見往往是阻礙進步的基因，接納別人，才有截長補短的可能。

更何況天同星不嫌巨門星可能招惹口舌是非，巨門星遇到天同星，似乎覺得有人了解，倍感溫暖，遭遇是非，也不自苦了。

※天同星與天梁星

古人以「蔭福聚，不怕凶危」一句話，道盡了二星在一起的好處，天同星與天梁星也不負期望，不論會照或同宮，都使人感到禎祥。

天同星遇到天梁星，除了自然親切之外，也有遇到同夥兄弟之感；天梁星與天同星，也總覺得不需贅言即可盡意。

福星與蔭星所相知相惜的是難以言喻的「自然凝聚」，以及「自然圓滿」的感覺，他人眼中的「名士派」、「不積極」，於二星不起絲毫作用，天同與天梁星因共處而肯定彼此的感覺，總覺「自然天成」，因而共有的世界少有憂慮煩惱。

天同星與天梁星共事時少有爭執，也很少有太長程的計劃，「走一步是一步」，走一段休息一程，儘管可能使他人誤以爲缺乏目標，沒有動力，當事人卻以爲這是最落實、穩重的行事原則，並引用於人際關係中。

太陰星

※太陰星與巨門星

月亮的光輝本可傳達配合援助，以及母性的特質，巨門星則突顯了傳達的意義。太陰星與巨門星不但有部份共同特質，而且還可以互爲表裡，爲對方表達出自己的心聲，或者是凸顯對方的長處。當然也可以因彼此的相識與交往，更肯定自己存在的意義，爲彼此良好的友誼奠下基因。

巨門星樂於告訴他人，太陰星是怎樣的一位好人，日久也會發現落陷的太陰星，有其堅毅、冷靜的一面。太陰星能夠體會、肯定巨門星的努力，尤其一旦人生遭受的種種失意打擊，其背後的意義是爲了使巨門星更能夠面對挫折，並學習成功的經驗，二者相處日久，終能發現彼此具有相同的韌性，而更喜歡對方。

※太陰星與天梁星

太陰星與天梁星在命盤中永遠互相會照，在人群中也保有一份熟悉感。

太陰星的母性，有保護意義，天梁星的蔭，也有保護的性質。所不同的是，太陰星的保護，還有照顧及無盡無怨付出的意義，天梁星的蔭，還有承繼、接納、涵蓋等特質。

粗看保護，太陰星與天梁星中所具有的保護沒有二樣，細剖保護，則二者同中有異，畢竟這個世界上很難有完全相同的兩個人，而完全相同，往往在「同時反對」的想法出現時，造成爭端與分離。

太陰星與天梁星因彼此所有的「保護」而互相熟悉，惺惺相惜，則可以共事，可成朋友；當把保護的目標轉向自己，則易成敵，直到有一天發現，成敵的基因在於孤立自己，保護自己，那麼照顧對方，爲對方無盡、無怨的付出，或是因承繼而感恩，並接納、涵蓋對方，遂成友誼的良性基因。

當把此良性基因擴大向他人、向社會時，也許看到太陰星、天梁星共成的事業表現，與良好人際關係，畢竟二星永遠互相會照，總會相互支持，學習並共同展現自己。

巨門星

※巨門星與天梁星

有「表達與疏通」特質以及有「保護與承繼」性質的兩顆星曜相遇，可以使雙方都感覺到對方有一股貫通於兩者之間的力量，且疏通與承繼原有著相似的基本意義，不論巨門星或是天梁星，不論傳達或是繼承，都是在做自己認爲該做的事情，並實現理想。

巨門星與天梁星都隱含著保護自己的基因。天梁星以清高的態度在複雜的環境中呵護自己，巨門星設法使自己內心世界的不良之處轉爲光明，以光明爲保護。當巨門星遇到天梁星或許不能馬上瞭解對方，但仍有「將與你相知」的感覺產生於二者之間，也製造了兩人成爲好友的基因。

交友的過程中，天梁星可能會覺得巨門星說得太多，製造太多是非，與自己格格不入。甚或採取避之唯恐不及的態度。也許在逃避的當時，心中還遺留著若干同情與關心，畢竟天梁星能夠了解巨門星的本質與初衷。故而保護巨門星，關心巨門星，終是天梁星採取的方式。巨門星並非毫不知情的承受天梁星的言行。在人群中與觀察天梁星愈久，愈能發現其值得信賴交往，終能真誠對待。

▼案例解說：王先生的十二宮

王先生的命盤中，十二宮位有下列幾種現象。

❶有一顆星曜，例如卯宮，就是遷移宮，有天相星。

❷有二顆以上星曜，外加四化星其中一顆或數顆，例如丑宮，也就是事業宮，有武曲星化祿、貪狼星化權、鈴星等三星。

❸沒有星曜，需參考對宮星曜，例如戌宮，也就是父母宮，沒有星曜，可參考對宮星曜辰宮中的天梁星化科與天機星。

無論哪一種組合，都可以：

• 先參考本書第一章〈諸星坐在命宮的人際關係〉。

• 再參考本書第二章〈諸星之相互人際關係〉，把兩顆星曜互相組合的連結在一起。

※命宮

王先生廉貞、破軍星坐命，具有開創性的破軍星，以及懂得表現的廉貞星，與其「廣告工作」的特質十分契合。他可以把自己直接與工作連線。以人際關係的角度來比擬形容，好比王先生對還在牙牙學語的小寶，以「心靈互動」及肢體語言「親吻」。這也是人際關係最好的基礎。

※兄弟姊妹宮

有天鉞與地空星，天鉞星代表女性或與王先生性別不同的異性。也表示兄妹倆可以互相肯定與鼓勵對方，以彼此爲榮。地空星充滿了創意，有無限的空間。

因此與妹妹看電視，溝通男主角的演技，是地空星會表現出來的現象之一，也是廉貞星坐命，喜歡表演藝術的王先生所樂於有的談話，他們接受彼此的意見，無話不談，又給彼此空間相互表達，在溝通時候，兩人內心都是通暢無礙的，這也是地空星有的面現象之一，這種美好經驗，會不斷的以新話題持續下去。

※夫妻宮

擎羊星、文昌星以及文曲星化忌同坐夫妻宮，勇於表達，鋒芒外露，講求效率的擎羊星，所帶來的夫妻關係是讓他們可以互吐心事，當然有時候也會因爲言語較直接，引起口角。文昌文曲星讓他們喜歡羅曼蒂克的氣氛，注意精神生活的品質，能夠一起學習。

※子女宮

祿存火星同坐子女宮，火星能使王先生願意爲小寶燃燒自己，並且直接以親吻等行爲表達父愛。代表能源中心的祿存星，表示小寶是王先生心中的能源中心，有如珍珠寶貝，他個人給予兒子的投射是：「這個孩子會爲我帶來好運」，眞相是，王先生眞的也會因兒子努力，因此帶來各種新機會。

※財帛宮

紫微、七殺、陀羅三星同坐，紫微與七殺所帶來的錢財，是與他人共同努力而來，並且需要開創新的人際關係，陀羅星需要與人多溝通，例如不斷的修改廣告企劃，又如希望中樂透，也是一種錢財的開創現象（本文只是舉例，並不表示王生生會中樂透）。

※疾厄宮

天機與天梁化科同坐，天機星善良，於身體器官與脊椎四肢相關，與不主動交朋友但朋友來者不拒的天梁星來說的配合有如王先生打電話諮詢脊椎，遇到樂意幫忙的人，又因爲天梁星化科，所以與疾病有關的人際關係前途看好（這表示凡與疾病有關的事情，只要願意主動開口，都會遇到貴人）。

※遷移宮

天相星獨坐，王先生出門在外，通常默默觀察人群，符合天相星不刻意表達自己的特性，重感情的天相星，使王先生下班後還出外跟朋友相聚，但也仍記得回家（因爲天相星不會以漂盪的心來處理人際關係）。

※交友宮

太陽、巨門、左輔、地劫四星同坐，具有良好人緣的基礎，又須常與人溝通，通常會得到他人眞心相助，但會有不同的臨時創意與改變。這就是王先生的交友宮整體現象，這種現象與他的工作狀態十分契合。

※事業宮

武曲星化祿、貪狼星化權、鈴星三星同坐事業宮，武曲星化祿表示願意營造、增加人際關係，結果堪稱圓滿；貪狼星化權表不因爲顯露才華而被他人肯定，運用於工作中，表示人緣好有說服力。鈴星在變化中維持毅力，亦即客戶雖然有意見，即或拖延合作，不過還是可以持續下去。

※田宅宮

天同、太陰、天魁、右弼四星同坐，其中以天魁與右弼星使得王先生家中以及辦公室的人際關係，能以互相關懷尊重的關係呈現，再加上天同星的人際關係自然，可以隨緣而聚，因聚而表示友善，太陰星可以對人表現關懷、體諒。

※福德宮

天馬與天府星同坐，能夠獨處，但仍然接受朋友，是天府星的特質，天馬星願意接受他人的腦力激盪，自己也懂得轉圜，因此經常安排獨處時間思考，讓人際關係保持穩定。

※父母宮

沒有甲級諸星，以對宮疾厄宮的天機、天梁星化科研究。天機星善良，有連絡溝通的能力，天梁星如此可以遮蔭大樹，這兩種組合於父母宮，表示王先生可以得到父母的照顧，甚或因爲天梁化科，而受父母好名聲的帶動，或是自己表現好，讓父母有面子，也感覺得到父母的善意，彼此又能夠順利溝通。十二個宮位以及每大運、流年、流月、流日、流時的現象，同時也都可以視同爲命宮，因此，這一章後面所說明的每一個宮位中星曜，都可對照參考。

腦力激盪》》

以下是腦力激盪的建議：

以王先生坐在命宮的廉貞、破軍二星配合交友宮的天機、天梁二星為例，試著整理自己。

❶內心投射什麼？例如：這些人說的多，做的少。如何調整成正面的？因為唯有調成正面的，才能有良好人際關係。

❷可以或包容這些現象嗎？如果不能，為什麼？（這也可能繞回到❶項）

❸我可以從中學習到什麼？（例如，他們反應很快，很自在。我可以跟他們交換意見，也學習他們的自在。）

一般人也在人生中的第二、第四、第六、第八個大運，跟交友宮會照，那時候自然會要有新學習與命運，所以，有交友宮中的星曜做借鏡。

第三章

人際關係的時空跑道
——四化星

四化星的功能，是可以回顧過去、了解現在，並安排未來的，因此能夠協助我們遊走於人際關係的時空跑道，成爲趨吉避凶的要角之一。

▼何謂四化星

四化星是化祿星、化權星、化科星、化忌星等四顆星曜。在紫微斗數中，「化」字有「引申」的性質，有「彰顯」的意義，也有「加強」及「具體化」的效果。而「引申」、「彰顯」及「加強」、「具體化」可能同時出現，也有時單獨顯現，完全依各星性質不同而定，分別解釋於後。

化祿星

提到「祿」，一般人都會聯想到財，其實化「祿」於自他關係，可引申爲流通力，彰顯爲錢財，是爲順遂的加強，並爲財富或機會的具體化。絕大多數的星曜化祿時，總是優點比缺點多，順遂比阻礙多，但是以財星最喜化祿；而性質清高的星曜化祿時，較易增加困擾。

化權星

「權」令人聯想到權力，化權星於交友宮，可引申為堅定、肯定；彰顯為官貴，加強權勢，並使星曜的本性具體化。

化科星

「科」顧名思義為科名，自他關係中的化科星，卻在科名之外另有含意，可引申為心情愉快，樂於支持或是鼓勵自己與他人，與人希望或機會，彰顯為知名度，加強學習能力、意願及智慧，是為考試、競賽或其他榮譽的具體化。

化忌星

化忌星是四化星中的唯一煞星，與火星、鈴星、擎羊、陀羅、地空、地煞等六顆星，皆具有稍許破壞力或阻礙、以及提醒我們哪些不足需要改善的力量。化忌星引申為波折不順，彰顯為外表或外境的變化，加強精神上的苦悶，大部份時候，使化忌諸星的負面具體化。

▼十干與四化星

每個人一生中都有下列幾組四化星：

❶因出生年天干而產生的四化星，例如民國六十年出生的人，出生年天干是辛，巨門星化祿、太陽星化權、文曲星化科、文昌星化忌；或是民國五十五年出生的人，出生年天干是丙，丙年生人，天同星化祿、天機星化權、文昌星化科、廉貞星化忌，可以從農民曆得知生年干四化。

❷因大運而產生的四化年干，每個人一生中，都有若干個大運。每個大運有不同的年干，例如：丙年出生的男命，命宮在亥宮，則一生中分別經歷過庚寅、辛卯、壬辰、癸巳、甲午、乙未、丙申、丁酉、戊戌、己亥等大運（如左圖），可以因排命盤，而找出各大運四化星。

癸巳	甲午	乙未	丙申
壬辰	丙年出生的男命例		丁酉
辛卯			戊戌
庚寅	辛丑	庚子	命宮 己亥

❸因流年而產生的四化星，例如民國九十二年是癸年，癸年流年的四化星是破軍星化祿、巨門星化權、太陰星化科、貪狼星化忌。

❹因流月而產生的四化星，例如九十四年農曆正月，是戊戌月，月干是戊，貪狼星化祿、太陰星化權、右弼星化科、天機星化忌。

❺因流年日而產生的四化星，每天都有不同的干支，例如民國九十四年農曆正月初八是辛未日。可查農民曆得知。

❻因流時而產生的時干。時干是因著流日的干支而產生，例如前例正月初八是辛未日，辛由庚起寅首，左頁圖表是辛日的各流時干支，則清晨三～五時，流時四化是庚，五～七時，流時四化是辛，以此類推。

癸巳 9:00～11:00	甲午 11:00～13:00	乙未 13:00～15:00	丙申 15:00～17:00
壬辰 7:00～9:00	丙年出生的男命例		丁酉 17:00～19:00
辛卯 5:00～7:00			戊戌 19:00～21:00
庚寅 3:00～5:00	辛丑 1:00～3:00	庚子 23:00～1:00	已亥 命宮 21:00～23:00

以上六組四化，合稱本命、大運、流年、流月、流時的四化。

把重點放在十個年干綜合討論可能發生的人際現象，其好處是讓我們將有更多潛能開發以及腦力激盪的空間，至於詳細的諸星四化，請參考《如何推算命運》一書。

如何運用這一章>>

本章探討諸星四化時，分為下列三部份：

❶正面現象

❷負面現象

❸腦力激盪

正面現象是綜合化祿、化權、化科三星的意義解讀。

負面現象是化忌星為主，搭配可能與之不合的各星曜做綜合解釋。

不論面或負面，皆可能顯現其中一種或數種現象。

腦力激盪的建議是依各出生年干的正面、負面現象而產生（只是幾個建議，未必詳盡，歡迎讀者來信共同討論）。

其中，提到的甲、乙、丙、丁、戊、己、庚、辛、壬、癸，皆包含本命、大運、流年、流月、流日、流時的四化，有下列運用建議：

❶與本命符合所建議的年干的人交友，學習其長處。

❷自己大運、流年、流月、流日、流時逢所建議的天干，也可以有些平衡或進步。

❸朋友之間有大運、流年、流月、流日、流時如本章所形容。例如朋友是甲年出生，自己是癸年出生，或逢癸大運、流年、流月逢癸天干，可以婉轉提供意見給對方。

❹藉著以下關於四化的解說，了解過去自己每個階段的好壞狀況。不論是以大限或流年、流月來界定皆然。

好的部份，可以做為未來的例子，繼續努力，例如面試成功，因為武曲星化祿，沒有會照文曲星化忌，那麼未來「己天干」出現時，可以與人洽談、面試等。

壞的部份，可藉未來適當的年干處理。例如於甲天干離家出走，乙天干與朋友吵架，未來逢甲、乙年特別謹慎，但也可以在癸、戊、庚年，試著跟老公溝通投資觀念，或是向朋友道歉。

▼十個出生年的人際關係概況

下列介紹的是十個出生年的四化星正負面現象，以及腦力激盪的建議。

甲年生的人際關係概況

※正面現象

❶具有良好人際關係的潛能、特質或是渴望，也具有可以訓練成擁有良好人際關係的基因。

❷或許有些甲年出生的人天生就知道怎麼去處理人際關係，包括運用各種方法，如送禮、讚美、鼓勵、製造情境、或是放下成見、打開心胸去接納、了解所有的人並尊重他們。

❸人際關係是生活中的一部份，也是與工作、錢財、健康等有關的，經營人際關係的結果，通常可帶動其他方面的成功、成長或穩定，因而更有成就感。有

時也會因有成就感而充滿希望繼續努力，造成良性循環。

※負面現象

❶懂得運用人際關係，也知道學習處理人關係的意義，美中不足的是被誤會、設計、欺騙的可能性亦存在。

❷六親的緣份可能不夠圓滿。而六親的緣份不圓滿又可分下列幾等級：

1.天生就跟父母的緣薄，例如遺腹子，或是出生後母親已經往生。小時候就與父母家人分開住，或是父母的婚姻有一些狀況。

2.父母親的背景或是生活特殊，例如：父母賭博酗酒或從事特種行業。

3.跟父母甚少互動，關係冷淡，或聚少離多。

4.對父母家人的想法有意見，但是無法溝通表達。

與兄弟姊妹或配偶也有前述3或4項現象。

以上四種現象使得當事人有些負面想法或情緒，例如自卑、孤單、或是不太願意讓人了解自己太多，對人性沒有信心等，影響人際關係，包括婚姻與感情。

❸有時候因為沒有把自己整理清楚，無法說清楚內心最真實的感受，被誤會為欺騙別人。

❹某些命宮三方有太陽化忌的人，或是大運、流年、流月、流日逢太陽化忌，或容易因急躁而誤事，被誤會或判斷錯誤。

※趨吉避凶的腦力激盪

❶太陽化忌是造成某些負面人際關係的主角（例如天生為遺腹子的人際關係現象）。對於已經發生的，無法改變的過去，以接受面對與隨緣、學習的心態面對。也可因此自己與其他人的人際關係有良好的狀況。例如因為是遺腹子，婚後格外希望有美滿家庭，願意多花時間陪伴子女，珍惜友誼，不輕言別離，也不輕易得罪他人等。

❷讓自己知道內心深處的真實感覺，以婉轉的方式對他人表達，可以減少因各種負面情緒而對人際關係造成的負面影響（真實的面對自己，這也是所有人增進人際關係的最佳方法）。

註：以出生時即見不到父母的人為例，學習的心態是指探討自己需要學習什麼，沒有雙親的直接照顧關愛。是否要學習大愛，幫助跟自己有相同處境的人，或是學習真正的獨立。有些人因此可以成為人際關係的好手，自然真誠，又懂得運用方法。

❸學習獨立。體會獨立的意義是：自己可以自然無礙的開口要求別人的協助，也能夠以不求回報或不邀功的心，幫助別人。

❹如果覺得冤枉、委屈，可找丙年出生的朋友談心，或逢癸干尋求解決，但宜以理性的思考，並非以饋贈或交際應酬的方式。

乙年生的人際關係概況

※正面現象

❶具有串連、介紹、仲介、協調人與人之間的人際基礎，因此可以引申為適合從事仲介、服務諮商、顧問等行業。

❷只要自己願意，可以維持過去的良好人關係，銜接帶動更好更廣的未來，引申出適合推廣一些理念或是延續某些觀念、心靈提升的現象。

❸可以因爲人際關係良好而越來越肯定自己，或者是因爲想肯定自己所以去製造良好的人際關係。

❹可以爲某些人或行業肯定。

※負面現象

這些負面現象可能來自化祿、化權、化科的處理不當，但是多半也是來自於太陰化忌所造成的。

❶對自己沒信心，認爲自己是受某些人討厭，無論怎麼做，那些特定的人都不喜歡自己。

❷認爲大家都可能討厭自己，乾脆先下手爲強，與他們翻臉嗆聲，或是根本不往來，內心或也釋放敵意。不過前述二項經過處理或認識之後可以改善。

❸在意自己在別人面前的表現，或是希望得到關愛與注意，極力去討好別

人，但覺得沒有得到相同的回報。

❹因爲前述現象，專心致力於討好別人，而失去自己，其實當事人最眞實的感覺是：「需要關愛與被注意」，沒有處理眞正的需要，而是用自己以爲別人眼中的要求（或是實際的要求來表現自己）。引發出一連串惡性循環，包括已經弄不清楚自己是什麼樣的人了，或自己到底該怎麼做，但又不斷的爲討某人歡心去做自己不一定想做的事。

❺不太有能力解決自己的負面情緒，或是不太能夠覺察自己的負面情緒，使人誤以爲陰晴不定、難纏。

❻因爲不太有能力解決自己的負面情緒，或是不太能夠覺察自己的負面情緒，或容易以逃避某人，或是情緒化的表達感覺，或是說「我再也不要見到你，請你不要再來找我」的方式處理人際關係。結果或使合作關係變化，戀愛失敗，同事不願與之同組搭配，上司不願作爲提拔的先考慮人選等。

❼悶著不表達心中想法，或是不懂得如何眞實表達最原始的想法。

※趨吉避凶的腦力激盪

❶請參考甲年出生的人腦力激盪第二項。

❷創意無限，所以逢丙、癸時，都可以加分。適合自組工作室的人，可以與他人有「不以交際應酬為主」的互動，共同進步。

❸逢丁可以交新朋友，但同時也宜三思而「言」，謹防是非。

丙年生的人際關係概況

※正面現象

❶也許不需要特別經營，就有機會帶給別人愉快的氣氛。

❷容易在各種共同學習、娛樂的環境裡結交到朋友，例如同學、同事、才藝補習班、夏令營、旅行團、MSN等，或是因為交到朋友而共同去學習各種事物。

❸藉著以上的學習建立自信，找到自我、肯定自我，或因而改變行為模式，

覺得這是人生美事。

❹把與人共處當作是學習，因而在工作生活上受到朋友的影響而進步。

※負面現象

❶在Home Party裡或不太適合自己的場所遇到損友，以享受爲目的，與朋友進行不當遊戲，容易產生差錯。但是經過提醒，會有改善。

❷彼此饋贈的時候，如果選擇禮物不當，反而會遭到誤解，例如不小心送了別人過期的食物，或是過期的化妝品等等。

❸對一些特定的人際關係不知道如何處理，有時還間接引起身體上的反應，但是如果接受他人建議、看書等，將有機會改善。

※趨吉避凶的腦力激盪

❶大運或流年是辛或癸的時候，不妨試著整理自己內心眞實感覺，但暫時不要以饋贈禮物的方式改善人際關係。

❷接受左輔右弼、天魁天鉞、化祿化權化科坐命者的良性建議。

丁年生的人際關係概況

※正面現象

❶天生有能力觀察人性，並且也願意去了解。
❷有願意替他人著想的胸懷，希望自己說的話可以皆大歡喜，也願意多說好話。
❸能夠成爲朋友中的軍師。
❹有集結人氣、或是組成團體、造成交流的基本條件。

※負面現象

❶不知爲何事與願違，與朋友之間關係起莫名變化。
❷說話得罪人，自己甚至不知道原因。
❸基於前述一與二，試著解釋卻又不知道從何開始，解釋後別人還聽不懂，從此保持緘默不再多說，但心裡有時還是很嘔，覺得自己受到傷害。
❹莫名其妙捲入是非，偏偏又找不到可以傾訴的人，即使是傾訴，對方也未

必聽的懂。

❺爲求和平公理正義，不得不與人對簿公堂，但不一定打贏官司。

※趨吉避凶的腦力激盪

❶逢辛跟癸時可以試著解決上述問題，如有六吉星會照或實際上有貴人幫忙更好。

❷逢甲或乙時也可以試著調整，但須確定自己內心已經沒有委屈了，此時該做的事是打開新人脈，但這種做法像是一著險棋，不宜輕易運用。

戊年生的人際關係概況

※正面現象

❶有許多機會去與人交際應酬，但可能會多到自己都不知道爲什麼。

❷可以在各式交際活動學到很多事情，包括如何面對自己。

❸以別人的負面狀態爲自己的鏡子。

❹從人際互動中得到好處，包括推銷業務分紅得利。

❺能以溫柔婉轉但堅定的語氣與他人溝通。

※負面現象

❶如果沒有學會到如何選擇良師益友，也許會受到一些驚嚇或有波折，但是了解自己之後，多加提防小心也能減輕。

❷自己在人際關係中複雜，忙碌，不免疏忽自己原本該做的事情，甚至沒有時間整理自己的心情，到情緒惡劣時，才意識到問題所在。

※趨吉避凶的腦力激盪

❶在乙大運流年時，不妨給自己一些獨處的機會，可以改善負面情緒與人際關係的塞車現象。

❷在丙大運或流年時，仍可能有很多交際應酬，宜忍痛放棄不必要的人際關係，這也是學習如何取捨的機會。

❸大運流年爲癸時，是學習說話得體改變舊習的契機，宜暫時放棄不必要的

交際應酬。

己年生的人際關係概況

※正面現象

❶可以交接到與自己一樣注意公平合理榮譽的朋友。
❷只要自己願意，可以簡單的言語表達友誼。
❸自然有機會拓展人際關係。

※負面現象

❶覺得無法把心中的感覺表達清楚因而遭到誤會。
❷與人在錢財上的互動產生糾紛。
❸關心別人，因沒受到肯定覺得傷心。
❹本來單純的關心延伸出男女感情，但處理失當。
❺介入他人的是非中，覺得心安理得，懶得花時間解釋又招來更多是非。

❻懂得清者自清、濁者自濁的道理。

※趨吉避凶的腦力激盪

❶覺得想要改善過去曾經有過的錯誤，多聽音樂、寫日記、繪畫，從事文藝有關的活動，多少對於改善不良人際關係有些許啓發。

❷在遇到辛以及癸的時候，可以試著以學習語言才藝方式調整心情，或許這樣的行爲看來跟人際關係不相關，但可因此結交新的朋友，拓展視野。

❸了解每個人要爲自己的行爲言語負責，就可以衡量何時該關心或規勸別人。

庚年生的人際關係概況

※正面現象

❶熱情待人，甚至忘掉自己的立場或自己該做的事情。

❷因爲耽擱自己該做的事情，連帶影響自己的感情事業或錢財，因而重新學

習到掌握未來。

❸受人信賴與肯定。

※負面現象

❶因爲在意形象，所以有些心事無法跟他人溝通。

❷因爲熱情，所以損失金錢，如果大運跟流年不夠理想，這些損失難以轉圜，但若了解這些現象便可改善。

❸只與特定對象分享財物，但遭人誤議。

※趨吉避凶的腦力激盪

❶逢癸的大運、流年、流月、流日時，有機會解決鬱悶。

❷能整理出憤怒畏懼的情緒而說出眞心話。

❸減少胡思亂想，改善惰性，增加開創能力。

❹與辛年出生的人交朋友，或逢辛年大運流年，可以增加分析能力，但不宜有錢財票據以及文字上的合作。

辛年生的人際關係概況

※正面現象

❶適合發展人際互動中的溝通關係的出生年干。

❷有時候甚至不需要刻意拓展人脈，就可以有良好的人際關係，並因人際關係帶動其他好事。

❸不但能表達自己，也能介於他人之間溝通聯繫，因而帶動其他方面的好運。

※負面現象

❶以文字或契約圖像、說明、簡報與他人溝通時，或易產生偏差。

❷如果沒有把自己整理清楚，人際關係也可能是蜻蜓點水式的。

❸讓人誤以爲自負。

※趨吉避凶的腦力激盪

❶處理與文字有關的契約時，盡量謹慎小心。

❷遇到丙大運、流年、流月、流日時，不妨在家靜修讀書，哪怕是看電視聽音樂也好，可以累積智慧經驗，檢討過去，計劃未來。

❸需要簽約或承諾時，宜先了解法律規定。

❹婉轉的說眞心話會帶來好運。

❺凡遇到辛大運流年、流月、流日的時候，也是跟自己溝通的最佳時機。

壬年生的人際關係概況

※正面現象

❶在人際關係中，有機會成爲眾人的代表或是受某些人的肯定，可能是個人修養好、人品佳，但也可能是有某些專長。

❷有機會得到他人的幫助，尤其是特殊饋贈、分紅得利。

❸因爲承襲祖上聲望，而有特殊人脈。

❹在與朋友互動中，可看到自己的缺點，並學習他人的優點，這是一種自然

就產生的能力，如經由他人提醒，將更為珍惜。

※負面現象

❶因受到他人肯定，興奮異常，使他人誤認為驕傲。

❷為了要追求完美，或是使他人尊重自己反而損失人際關係，而又因此朋友惕勵，減少自己進步的機會。

❸為證明自己是正確的，不小心給朋友壓力，只因自己在乎面子，但經過提醒會改善，甚至不會發生。

❹容易貿然決定放棄某種人際關係，事後追悔又不一定願意放下身段去挽回。

※趨吉避凶的腦力激盪

❶逢甲以及庚的大運、流年、流月、流日時，可以讓自己已經失去的或自己放棄的有機會重新開始，但必須了解自己真正問題所在，才較順利。

❷逢乙的大運、流年、流月、流日時，較多因人際關係互動而帶來的機會，

也更能肯定自己，但也必須誠實面對自己。

❸凡事三思而行，尤其是想與任何人分手前，皆宜謹慎思考。

❹如果想挽回某些人際關係，可以請辛或癸或乙年出生的人幫忙計劃、分析與檢討。

癸年生的人際關係概況

※正面現象

❶可以練出突破不良的人際關係的勇氣，亦有能力去識別眞相。

❷懂得整理並表達自己，使別人在認識自己之後，增加許多工作或錢財的機會。

❸能夠跟朋友相互腦力激盪，爲前途與大局努力，不貪圖無意義的嬉戲。

※負面現象

❶因爲不了解自己其實是有能力開創，所以可能遇事裹足不前，因此使內心

世界與人際範圍都受到侷限。

❷把網路當作交友管道，減少了實際互動的機會。

❸爲了避免接觸人性的負面而例如：忌妒、是非而遠離人群。

※趨吉避凶的腦力激盪

❶收集各種新資訊，擴展視野，可以給自己原來就好的人際關基礎加分。

❷試著體會做一個替別人收尾的人，要遠比開創有意義，也因爲如此，還會有新的開創。

❸小圈圈與大勢力一樣重要。

❹與天魁天鉞、左輔右弼、祿存的人交往，可以錦上添花。

❺逢辛可以把自己的才華表現的更多，逢乙若調整生活作息，培養耐性幫助他人，生活會更多樣化。

▼生活中創造化祿、化權、化科星的建議

下面幾個生活建議，其實也是跟紫微斗數四化星連線的，提供參考：

❶保持微笑，當嘴角上揚的時候，其實內心自然也會跟著開心起來。當開心的時候，嘴角自然也會上揚。在四化星裡面，所有的化祿星都可以帶給我們發自內心的微笑，只是因著不同的時間而已。其實我們是可以每天都微笑，或者在每天很多時段中是可以微笑的。

❷因爲每一天都有一個四化星，就是每天都可能是甲日、乙日、丙日、丁日一直到癸日，每一天都有一個四化星在化祿，只是我們疏忽了他。

❸養成寫日記的習慣（當然，不要讓別人偷看到），或是在網上開電子報，可以讓自己的心情有些表達的管道，如果懂得避掉某些風險，也可以交網友。

❹想像自己的優點，我們每一個人都有優點，只是有時候自己不夠肯定，那麼當不能肯定大優點的時候，不妨肯定一兩樣小優點。肯定優點跟化權是相關

的，化權裡面的人際關係是因爲肯定自我，而能夠去跟別人以最自然眞心的態度相處，並且帶出化祿來對別人的微笑，也對自己微笑。

❺回想些眞正讓自己開心的事情，或者是自己做過成功的事情，或許覺得自己沒有什麼開心事，也沒有什麼大的成功，但其實可能每天都有一個小小的成功，小的開心。例如，早上在尖鋒時間搭捷運，居然有位子坐，這也是開心事；看到一本書裡有一個句子很好，也是開心事；在自己預計的時間內把工作完成，也是開心事。這都與化科有關，化科所帶動的人際關係，能夠開心的把自己的心打開，去跟別人相處，這有機會換到別人打開的心，因此也可以帶動化權與化科，有良好的人際關係。

第四章

戀愛與婚姻的人際關係

戀愛與婚姻亦是人與人的互動，可在命盤中夫妻宮、福德宮、命宮、遷移宮中星曜找到解說，但因與上述兄弟宮、父母宮、子女宮並無交集會照，表示戀人與配偶的互動，有時需用其他方向去探討。

因爲戀愛時（包括單戀）的人際關係，還可能有下列兩種現象，可能爲愛情加分，也可能成爲人際關係障礙。

❶命宮星曜引伸出的個性、行爲模式，再加上可以由福德宮、夫妻宮顯示出的各種情緒，諸如幻想、美好的氣氛、自戀等，易造成不夠眞實的現象，讓人無法眞正了解彼此。

❷命宮、遷移宮等宮引申出來的現象，有時不免會把自己製造成對方想要的樣子來贏得愛情，這時候所呈現的，並非眞正的自己。也容易做出不是自己眞正想要的決定。

因此從戀人到共同生活，共組家庭，雙方都將走過整理自己、面對眞相，並且繼續成長的路，是學習「自己與自己」、「自己與他人」的關係的頗佳機會。

這一章，我們試著把每一顆星可能有的，對愛情或戀愛對象的投射，人與人之間的緣份，跟大家一起討論，做爲面對自己的腦力激盪。

▼諸星的投射

這一節我們要說的是屬於戀人、配偶內心的可能投射，這些投射大多與實際狀況不相符合，所以不但可能造成人際關係障礙，通常也是分手、失戀、單戀、被誤會等等的原因之一（不一定每人都會如此，也不一定完全投射，本節僅供參考，至於較完整的戀愛與感情，請參看拙作《紫微斗數看婚姻》）。

紫微星

※命宮紫微坐子或午宮，夫妻宮為七殺星。

容易有的投射：

❶希望自己是被尊重的或者是尊貴的，或者有尊貴的特殊氣質，所以也容易把這種想法投射到喜歡的女性身上，不管對方是否真的具有這樣的氣質（自己也可能會一時看不清楚，對方到底氣質如何）。

❷覺得對方很有氣質，不太敢接近。

※命宮紫微、破軍二星坐丑或未宮，夫妻宮無主星。

容易有的投射：

❶異性需要自己的照顧，而只有我才能照顧他。

❷這個人不太可靠的樣子。

※命宮紫微、天府二星坐寅或申宮，夫妻宮為破軍星。

容易有的投射：

❶對方會喜歡我的特質。

❷因爲對方太可愛了，所以會有競爭者出現，或因此背著我交別的朋友。

❸我跟他前世就是夫妻或戀人，所以今生註定在一起。

※命宮紫微、貪狼二星坐卯或酉宮，夫妻宮為天府星。

容易有的投射：

❶對方懂得我的聰明與才華，會很欣賞我。

❷如果不喜歡我，是因爲他或她沒眼光。

❸富家千金或企業家後代都可能欣賞我。

※命宮紫微、天相二星坐辰或戌宮，夫妻宮為貪狼星。

容易有的投射：

❶女性容易希望成爲貴婦，男性希望對方家世背景高人一等，遇到像小公主般有錢又有氣質的人。

❷對方行事果決，井井有條。

※命宮紫微、七殺二星坐巳或亥宮，夫妻宮為天相星。

容易有的投射：

❶你與我可以並肩作戰，同進同出。

❷你可以搭配我生活中所有的需要。

武曲星

※命宮武曲、天府二星坐子或午宮，夫妻宮為破軍星。

容易有的投射：

❶愛情很重要。

❷人都應該善待戀人或配偶，不要讓他們傷心失望。

※命宮武曲、貪狼二星坐丑或未宮，夫妻宮為天府星。

這種搭配有一點像前述紫微、貪狼坐命宮，夫妻宮是天府星的現象，所不同的是武曲、貪狼坐命的人並不像紫微星那麼在乎尊貴，而是比較努力實作型的，所以容易有下列投射：

❶對方會很努力，幾乎談不上勞累。

❷跟自己可以相輔相成，貼心互動。

❸我們的生命與生活可以一起發光發熱。

※命宮武曲、天相二星坐寅或申宮，夫妻宮是貪狼星。

容易有的投射：

❶武曲、天相的組合可以處處為朋友設想，因此容易誤以為他自己喜歡的人或是配偶也有這種熱情。

❷認為對方做事積極而有規則。

※命宮武曲、七殺二星坐卯或酉宮，夫妻宮是天相星。

容易有的投射：

❶武曲、七殺星通常能夠孤軍奮鬥，忙碌中忘了自己的寂寞，但身邊出現一個可以談話的對象時，以為那是自己的Mr. Right或Miss Right。

❷這位Right先生或小姐，幾乎完全如自己心裡所幻想模擬的帥哥美女。

※命宮武曲坐在辰或戌宮，夫妻宮為七殺星。

容易有的投射：

❶我不會辜負任可人。

❷人天生就是孤獨的來到這世界上，所以，即使有伴，也潛藏著孤單的因子。

※命宮武曲、破軍二星坐巳或亥宮，夫妻宮無主星。

容易有的投射：

❶武曲跟破軍在一起，表示積極努力的開創，可能因此顧不了戀人配偶，所以任何能夠給武曲、破軍安定的力量，或者是安定感覺的人，即被認爲是「來電」的有緣人。

❷以爲對方可以照顧自己，支持自己。

廉貞星

※廉貞星、天相二星坐子或午宮，夫妻宮為貪狼星。

容易有的投射：

❶基本上廉貞與天相星，是靠著天相星的努力來平衡廉貞星可能有的搞怪，所以這樣的組合稍微有些壓抑，容易投射給不壓抑自己的人，但是卻誤以爲對方也是壓抑的。

❷對方需要我的照顧，我的照顧可能是最貼心的。

※命宮廉貞、七殺二星坐丑或未宮，夫妻宮為天相星。

容易有的投射：

❶因爲自己鋒芒外露，或有表現給別人看的想法，所以也可能會在自己喜歡的異性身上，找出近似自己的特性來，如果是可以用來鼓勵自己、安慰自己，或以爲那樣是遇到知己。

※命宮廉貞星坐寅或申宮，夫妻宮為七殺星。

容易有的投射：

❶人都是孤單的，不會眞正被了解。

❷會有一個人來愛我，不過不知道在哪裡。

※命宮廉貞、破軍二星坐卯或酉宮，夫妻宮無甲級主星。

容易有的投射：

❶遇到缺乏時常內省，或是不喜歡有太多規則綁住自己的人時，會以爲自己需要去配合對方。

❷會要求自己慢慢與異性培養感情。

※命宮廉貞、天府二星在辰或戌宮，夫妻宮為破軍星。

容易有的投射：

❶他或她落落大方，溫柔體貼。

❷他或她個性穩重，懂得人情世故，不會讓我失面子。

※命宮廉貞、貪狼二星坐巳或亥宮，夫妻宮為天府星。

容易有的投射：

❶我懂得用方法，吸引到自己喜歡的人。

❷寂寞的時候要找人陪伴，不過真愛難尋。

七殺星

※命宮七殺星坐子或午宮，夫妻宮為紫微、天相二星。

容易有的投射：

❶你跟我一樣孤獨、能幹。

❷我這樣孤獨能幹，有誰可以跟我一起生活。

※命宮七殺、廉貞二星坐丑或未宮，夫妻宮為天相星。

請參看廉貞、七殺二星在丑或未宮。

※命宮七殺坐寅或申宮，夫妻宮為廉貞、天相二星。

容易有的投射：

❶他們可憐或孤單，需要我的感情或關懷。

❷找不出什麼原因，只覺得對方需要我。

※命宮七殺、武曲在卯或戌宮。

請參看武曲、七殺在卯或戌宮。

※命宮七殺在辰或戌宮，夫妻宮為武曲、天相二星。

容易有的投射：

❶他或她，眞是高不可攀，我配不上。

❷我配不上也沒關係，不行就算了。

❸他或她也不一定配得上我。

※命宮七殺、紫微二星在巳或亥宮。

請參看紫微、七殺二星在巳或亥宮。

破軍星

※命宮破軍坐子或午宮，夫妻宮為武曲星。

容易有的投射：

❶我需要你時，你會出現在我身邊。

❷我有什麼心事，不一定要告訴你，因爲你也不一定會了解。所以，親密關

係是有空間，或是可以容許各自有秘密的。

※命宮破軍在丑或未宮。

請參看紫微星在丑或未宮。

※命宮破軍在或申宮，夫妻宮為紫微星。

容易有的投射：

❶我總爲對方付出，因爲對方是楚楚可憐，或是值得付出的。

❷我必須這樣對待他，否則有莫名的愧疚。

※命宮破軍在卯或酉宮。

請參看夫妻宮爲廉貞星在卯或酉宮。

※命宮破軍在辰或戌宮，夫妻宮為廉貞星。

容易有的投射：

❶大家都是苦命的，或是有心事的、壓抑的人。

❷我們可以一起突破，或是你可以了解我所擔心，以及不足的是什麼。

※命宮破軍、武曲二星在巳或亥宮。

請參看武曲星坐巳或亥宮。

貪狼星

※命宮貪狼星在子或午宮，夫妻宮為廉貞、天府二星。

容易有的投射：

❶她是美女，他是俊男，都有個性、有主見，但都會愛我，甚至在迷戀我。

❷我即使多情，也是好情人。

※命宮貪狼、武曲在丑或未宮。

請參看武曲星在丑或未宮。

※命宮貪狼坐寅或申宮，夫妻為七殺星。

容易有的投射：

❶我心愛的人不知道在何方，不過有一天會出現。

❷雖然有一天會出現，但還是不知在何方。

❸有一天，會有奇蹟出現吧！

※命宮貪狼、紫微在卯或酉宮。

請參看紫微在卯或酉宮。

※命宮貪狼在辰或戌宮，夫妻宮為紫微、天府二星。

容易有的投射：

❶我要遇到一個眞正愛我的人。

❷如果他眞正愛我，可以接受我所有的一切。

※命宮貪狼、廉貞二星在巳或亥宮。

請參看廉貞星坐巳或亥宮。

天府星

※命宮天府、武曲二星在子或午宮坐命。

請參看武曲星在子或午宮。

※命宮天府在丑或未宮，夫妻宮為武曲、破軍二星。

容易有的投射：

❶我才華洋溢，或優點很多，會遇到欣賞我的人。

❷既然欣賞我，一旦分手，是彼此無緣，也算是對方沒福氣吧！

※命宮天府、紫微二星在寅或申宮。

請參看紫微星在寅或申宮。

※命宮天府在卯或戌宮，夫妻宮為紫微、破軍二星。

容易有的投射：

❶喜愛我的人，不該傷害我，如果傷害我，也沒關係。

❷愛我的人會有很多，不用擔心沒異性朋友出現。

※命宮天府、廉貞二星。

請參考廉貞星。

※命宮天府在巳或亥宮，夫妻宮為天相星。

容易有的投射：

❶女性是需要被照顧、保護的。

❷男性像大孩子，需要被保護、照顧。

天相星

※命宮天相、廉貞二星在子或午宮。

請參看廉貞、天相在子或午宮。

※命宮天相在丑或未宮，夫妻宮為廉貞、貪狼二星。

容易有的投射：

❶我一表人才，或是我天生麗質，不怕愛情不來找我。

❷他或她，是需要我的。

❸我本來就該爲對方做點什麼。

※命宮天相、武曲二星在寅或申宮。

請參看武曲、天相在寅或申宮。

※命宮天相在卯或酉宮，夫妻宮為武曲、貪狼二星。

容易有的投射：

❶我要有人來愛我。

❷在我需要你時，你就要在我身邊，而且，你一定會陪伴我。

❸我是你喜歡的那型。

※命宮天相、紫微二星在辰或戌宮。

請參看紫微、天相在辰或戌宮。

※命宮天相在巳或亥宮，夫妻宮無甲級主星。

容易有的投射：

❶有個奇怪的感覺，我的愛人在遠方。
❷男人要有骨氣，有事業，女人要能幫夫，這才是美滿婚姻。

太陽星

※太陽星坐在任何宮位。

太陽星坐在任何宮位時，夫妻宮一定有天同星獨坐或搭配其他星曜，而福德宮一定有天機星獨坐或搭配其他星曜（因此有一些大同小異的現象，在一併討論）。

容易有的投射：

❶不論太陽在任何宮位，男性會以爲對方是一個善解人意的溫柔女性，女性會以爲對方是體貼、多金多才的帥哥，無論男女，通常都會希望或以爲自己是透明的，別人懂得如何照顧自己。
❷自己可以獨立，可以愛別人。

※命宮太陽與太陰在丑或未宮。

容易有的投射：

❶會盡量設法表現自己的需求讓對方了解到，如果對方願意配合，也會有好的結果。

※命宮太陽、巨門二星在寅或申宮。

容易有的投射：

❶對方事業錢財很順利。

❷要讓他或她順利，我必須全力配合。

※命宮太陽、天梁二星在卯或酉宮。

容易有的投射：

❶對方有偉大、遠大的理想。

❷對方是賢妻良母，可以爲家庭放下一切。

❸這個男人一定會很有出息。

※命宮太陽在戌、亥、子宮時。

共同有的投射：

❶有個伴眞好，不過我不一定有那麼好的機會。

❷他或她有些事情不願或不能告訴我。

❸我喜歡她或他，但對方不一定會喜歡我那麼多。

❹他或她也許會騙我。

※太陽星在辰、巳、午宮時。

共同有的投射：

❶她或他很有學問，或是喜歡讀書，或是心胸寬大，至少可以包容我。

❷他或她是好人。

❸她或他也許會有些事瞞著我。

以上所有太陽的投射，不論在任何宮位，都可以互相參考。

天機星

天機星坐在命宮時，夫妻宮必爲太陽星，或太陽星與其他星搭配，所以，不論任何宮位，都有相同的投射，這些投射，通用於任何宮位。

※天機星在子或午宮，丑或未宮，巳或亥宮時。

容易有的投射：

❶我對她或他有感覺，所以有緣，或是因此追求她或接受他的追求。

❷能在一起就好，其他不多想。

※天機、太陰二星在寅或申宮，夫妻宮為太陽星。

容易有的投射：

❶請參考前述第❶、❷項。

❷我一定會跟這個人合不來，或交往過程中吵架，雖然我很喜歡他。

❸他或她當然要對我好，而且還是對我一個人最特別。

※天機、天梁二星坐在卯或酉宮，夫妻宮為太陽、太陰二星。

容易有的投射：

❶有緣就會遇到理想的人。

❷我們會互相幫忙做家事、瑣事。

❸吵架都是我讓他或她。

天同星

※天同、太陰二星在子或午宮，夫妻宮沒有甲級主星。

容易有的投射：

❶他很英俊，她很美麗。

❷我註定要爲她或他做些什麼。

※天同、天梁二星在寅或申宮，夫妻宮為巨門星。

容易有的投射：

❶對方是隨緣的人，怎麼樣過都好。
❷對方是溫柔的，好相處的。
❸我們是可以同進同退的。

※天同在卯或酉宮，夫妻宮為天梁星。

容易有的投射：
❶他或她有禮貌又謙虛。
❷他或她願意增長知識見聞，或是喜歡旅遊。

※天同在辰或戌宮，夫妻宮沒有甲級主星。

容易有的投射：
❶他或她聰明且善良。
❷對方興趣很廣，可以跟自己配合。

太陰星

※太陰星在命宮。

太陰星在命宮時，夫妻宮星曜不固定，福德宮必有巨門星，因此無論在任何宮位，皆會有下列共同投射：

❶她或他會爲我說話，或是伸張正義。

❷他或她將來一定會成功。

❸她或他是有才華，肯努力的。

巨門星

※巨門星坐在命宮。

巨門星坐在命宮時，夫妻宮永遠爲太陽星或太陰星搭配其他星曜，福德宮遠爲天梁星，無論在任何宮位都有下列的共同投射：

❶他或她有某些不穩定（心情或生活方式）。

❷他或她有細心或體貼的特性，至少對我應該如此。

❸他或她很有福氣。

巨門星在子或午，辰或戌，巳或亥宮有上述現象，至於其他宮位，請分別參考太陽、天機、天同星。

天梁星

※天梁星坐命。

天梁星坐命時，夫妻宮必有巨門或其他星曜搭配，無論任何宮位皆有下列投射：

❶男性有才子佳人的想法，例如說自己是才子，能遇到佳人，才子佳人總有些浪漫的情愫。

❷女性是懂得琴棋畫，又美麗、又溫柔、又體貼的；而男性可能爲了佳人而去考場考狀元，甚或是幫佳人贖身之類的幻想。

❸女性希望遇到有骨氣、有理想的男子漢大丈夫，或眞正的男人。天梁星在子或午宮，丑或未宮，巳或亥宮，皆爲獨坐，有前述的現象。

祿存星

※容易有的投射：

❶人都需要人作伴，所以，沒有異性朋友時很孤單，有異性朋友時，又可能很麻煩或不自由。

❷有異性朋友聊聊天也可以。

天馬星

※容易有的投射：

❶才子佳人本來就應該配成對，所以，有機會就交往看看吧！

❷得來容易，失去也快。

❸對方好像很容易改變。

左輔、右弼星

※容易有的投射：

❶認爲對方跟自己一樣自然。
❷給別人方便並且也給自己方便。
❸這個人不錯，感覺很好。

天魁、天鉞星

※容易有的投射：

❶我們一切都會很自然、很幸福。
❷老天會給我一個好對象。
❸遇到她或他，我很幸運。

文昌、文曲星

※容易有的投射：

❶他或她跟我一樣喜歡浪漫的氣氛。

❷他或她跟我一樣喜好文藝，有創作天分或才華。

地劫、地空星

※容易有的投射：

❶我要找到愛我的人。

❷怎麼會這樣。

❸沒人愛我，眞的。

火星、鈴星

※容易有的投射：

❶這個人脾氣很壞，或是不太好惹。

❷這個人雖然脾氣壞，不好惹，但他對我是例外。

❸他或她精明幹練，拿得起放得下。

擎羊星

※容易有的投射：

❶他或她很有個性又很勇敢。

❷他或她跟我一樣有表現。

陀羅星

※容易有的投射：

❶他或她是細膩的人。

❷他或她很有耐性。

化祿星

※容易有的投射：

❶她或他是個聰明、圓滑又懂得如何處理事情的人。

❷我們在一起，一定會很快樂。

化權星

※容易有的投射：

❶他或她會爲我準備好一切，我可以安心。

❷他或她好像很愛管人，或有點霸氣。

化科星

※容易有的投射：

❶那是個陽光男孩或陽光女孩。

❷他或她會跟我分享心事。

化忌星

※容易有的投射：

❶我怎麼樣也沒法子讓你滿意。

❷他或她是不可能喜歡我的。

❸結婚只是兩個人在一起吵架，並等著離婚吧！

▼案例解說：王先生的戀愛與婚姻

王先生有過三次戀愛。

※第一次：

是在民國七十九年，他虛歲二十二歲。大學剛畢業，正準備讀研究所，到一家補習班打工，被櫃台小姐「電」到。那眞是位「美麗、清秀、高雅、大方」、「有理想，有個性，不隨波逐流」的女孩。王先生覺得在補習班那種複雜的環境中工作，她竟然還那麼「出淤泥而不染」，實在難得。

她叫雨芳，對王先生很客氣，跟其他來補習班的客人或同事，沒有兩樣。因此他寫過兩封信給她，沒有回應；有一回帶三明治、牛奶給她當午飯，被婉拒。後來聽說雨芳已經有男朋友，王先生才放棄追求。他覺得沒有追到這樣的女孩，有點可惜。爲了讓雨芳對他有好印象，打工時仍然力求表現。

那時王先生大運在壬申，大運命宮天鉞、地空二星；流年在庚午宮，命宮有火星、祿存等星，流年夫妻宮爲天機星與天梁星化科，福德宮亦爲地空、天鉞星。

其實前文在括號內出現形容詞，幾乎是王先生福德宮中顯示的對自己的要求，投射於雨芳；那一年他爲了籌學費而打工，並且堅持讀某校某研究所，他自己稱得上是「有理想、有個性、不隨波逐流」，而非雨芳如此。

眞相是「雨芳」一心在等服兵役的男友退伍，她只想當家庭主婦。

參考第一章地空、天鉞星的解說，那一章地空星使王先生自己可以使內在豐富的地空、天鉞二星，使他遇到「雨芳」，爲了要讓雨芳另眼相待，他也格外努力，所以無形中雨芳成爲他的貴人。

地空星也使王先生並沒有很痛苦的放棄追求（尤其是在申宮的地空星），因爲瞭解他不能主控與朋友的聚合離散，最後把感情轉爲友情。當年王先生的交友宮在乙亥宮，有天府、天馬二星。

參照本書第一章天府星的解說爲「天府星在人際關係中，採取守多於攻的姿態」，而也做到「與天府相處愈久，愈喜歡這顆星曜，而願與之做好友」，最後跟雨芳成爲好同事。

※第二次：

民國八十七年，他遇到讓他怦然心動的富家千金Amy，他為她的美麗執著，為她的年輕（比他小十歲）與活力而傾心。為了他們的家世背景大不同而擔心。

王先生談了一場「驚天動地」的戀愛。

命盤顯示大運在辛未，大運命宮擎羊、文昌、文曲星化忌，流年在丙寅，命宮星曜巨門、太陽、左輔、地劫，巨門化祿，太陽化權，福德宮天機化忌。

巨門星投射的是Amy很有福氣，不太穩定。

太陽星投射的是Amy溫柔而善解人意。

左輔星的投射是，認為對方跟自己一樣自然，跟別人方便也給自己方便。

地劫星的投射是，王先生想找到愛他的人，以及怎麼會這樣。

這四種投射，加上福德宮天機星化忌，使王先生對這場戀愛，以自己的偏差投射出「對方溫柔而善解人意，對方跟自己一樣自然，跟別人方便也給自己方便。他想找到愛他的人」開始，結束於「Amy太年輕，不穩定，可能無法與公婆同住」的想法。

眞相是Amy並不知道王先生對他的擔心，因沒有原因的分手而傷心。而王先生這樣的分手符合了地劫星的「怎麼會這樣」，他很愛Amy，但是身不由己。

※第三次：

他在民國八十九年認識現在的妻子。那一年他三十二歲，運行辛未，流年在戊辰宮，命宮天機星、天梁星化科，那時候妻子剛結束一場戀愛，對方沒有理由的從她身邊消失，妻子沉浸在「怎麼會這樣」的莫名痛苦中。

王先生心中對Amy還有些遺憾，妻子的出現，讓他產生了憐惜，以及幾乎適用補償Amy的心態對待妻子。

命宮的天機星，投射的是：我對她有感覺（其實感覺來自於妻子的遭遇與Amy相近）。

天梁星化科，投射的是：王先生是才子，遇到妻子這位佳人。

福德宮祿存星投射的是：才子佳人本來就該在一起，交往看看吧！

火星投射的是：這人脾氣有點壞，不太好惹（不過是因爲失戀的關係吧）。

至於流年夫妻宮，與當年認識Amy時所投射的相同。只不過「怎麼會這樣」轉換爲對妻子的遭遇「怎麼會這樣」。王先生覺得妻子是有福氣的，因爲可以遇到他，安慰她受傷的心，儘管有點不穩定，相信是因爲上一回的感情失利。這只是暫時的。她想找愛自己的人，顯然也是過去受傷太深。當然妻子是個女孩，能給別人方便，也給自己方便。

結果一切順利，畢竟妻子的年齡跟他相近，讓王先生認爲如此不需擔心大家庭共處的問題，外加王先生對自己的過去心態與行爲有所調整，庚流年的太陽星化祿，以及不再化忌的天機星，使他安定的與妻子交往，終於成家。

▼照顧自己的美滿姻緣

有時候，某些人總在尋找、等待下列幾種「他」或「她」出現：

❶找位跟自己一樣的人。這樣自己就不是孤單的，也有「找回自己」的安定與快樂。

❷希望找了解自己需求、想法，也愛護、呵護自己的人共度一生。

❸找一個相處時沒有壓力、輕鬆自在、不需掩飾，想說什麼就說什麼的人當伴侶。

❹找一位體貼的帥哥或是溫柔美女。

❺選擇從事某些行業的人爲結婚對象。例如醫生、工程師、文藝創作者等。

❻找門當戶對的人，或是事業有成的或是有錢人。

第一種到第三種屬於精神層面，第四種到第六種偏向物質層面。這些都與自我投射有些關係。無論如何，找到由第一種至第六種的完整組合並不容易，即使專情於其中一種，也未必能願。即使找到了，若干時間後，當事人也可能覺得對方變了，甚至劈腿分手。

想要早點遇到「他」或「她」嗎？有幾種理由提供我們腦力激盪。

❶如果我們本身具有類似特質，比較容易遇到磁場相同的人。

❷我們自己缺少上述物質現象，精神空虛，所以希望找人互補。

❸我們沒能好好照顧自己的心情、想法與生活，所以希望有人來愛護、呵護自己。接納自己所有的優缺點，在自己有需要時，及時出現，甚至永遠知道自己需要什麼。

在我們尋找等待白馬王子與心中公主的同時，也許可以試著由照顧自己來創造未來姻緣。

先提供在心情、想法、精神上照顧自己的腦力激盪。

❶以保持清楚爲最佳目標，時時清楚知道自己的想法；可以只對自己保持傾聽或了解，也可以同時在自己心情不佳，精神不好時，給自己協助。

例如：心情不好時，了解原因，安慰或鼓勵自己，說對自己最有幫助的、正面的話給自己聽。（事實上別人或另一半，並不一定能夠及時或每一回都說出自己所希望聽到的話）

❷精神上空虛時，自問哪種方式最能幫助自己，諸如聽音樂，看電影，找朋友聊天等，或是看哪一類書籍有意義。

❸找朋友聊天，或是寫日記，眞實的面對自己每一個念頭想法。

例如：我今天罵男友小氣，沒送我生日禮物，其實眞正的想法是，我覺得被忽略了。

從某個角度來說，如果我們了解自己的心情、想法，也能夠照顧到自己的心情。容易有「找回自己」，「自己是完整的」的感覺，遇到另一半時，也不會一味要求對方對自己好，對「足夠的照顧」也有新的體會與認知。彼此更有良性互動。

再提供物質與生活上的照顧自己的腦力激盪，例如：

❶三餐定時定量，吃自己喜歡又可以促進健康的食物。

❷讓自己四季的穿著都符合自己的需求。

❸讓自己免於疾病與勞累。

❹不胡亂買不需要的東西（因爲放縱自己血拚，其結果是後悔或浪費，血拚

有時候是空虛、不足的心情所帶動的行爲）。

❺不對自己喜愛以及最親近的人胡亂發脾氣，惡言相向，因爲這與眞相不符合，也非我們眞實的想法。

與眞相不符合的原因是，與自己喜愛的人與最親近者的相處眞相應是「歡喜與相知」，而非惡言惡行。

與眞實想法不能配合的原因是，眞實想法本是：「我喜歡他」，以及「我們互相貼近」。表面上說「你眞夠笨」、「你怎麼總是這樣⋯⋯」，其實是在說「你怎麼不是『我想像』或是『我希望』的那樣」，或減少了解自己的機會，間接分隔兩人的感情與距離。

❻不勉強自己爲他人的理想而努力，生活中保有個人興趣與空間。如此建立了自信，反而不會特別在意是否可以嫁入豪門，是否遇到醫師、工程師，或是對女友或配偶的正常職業不滿意。更會因此給對方鼓勵支持以及空間，促成更好的人際關係。

因爲有時候我們並沒有完全學會、練習不夠，或不知道跟自己共處、照顧自己的方法與意義及好處，才易有丟失自己、空虛的、不圓滿的感覺。

有些人把這些不圓滿、空虛的感覺投射爲「找另一半」，希望可以被愛護、呵護，希望有人接納自己的優缺點以及所有情緒，在任何時間都可以因著自己的需要，隨傳隨到，及時出現，或是知道自己何時需要早餐、水果，何時需要安靜，比母親不嘮叨，但比母親還包容，因此尋覓等待。

眞相是向別人要求、以及等待、尋找的心情中，潛藏著「我沒有、我渴望」的基因。而若經由自我照顧，就改爲「我有、我可以」的命運呈現，這時「物以類聚」、「磁場相同」的原理或得以展現。「她」或「他」會因爲你懂得呵護、自我照顧而出現，也許是對方需要你，也許他們亦具有照顧與呵護自己的條件。

只要願意追求幸福，不妨試行以上幾種腦力激盪。那會使我們從此帶著滿足，體貼的照顧自己，深愛自己，並投射於外。

祝福天下有情人都懂得照顧自己，那是不自私又圓滿的美好感覺。也歡迎在學習與練習時，來信討論。

第五章

我們都是有緣人

這一章用幾個不同的角度來看人際關係，分別以一般人的分類來看交友的類別，以及以紫微斗數的分類來看人際關係。

在最後將借用王先生的例子，以另一種超時空的角度，配合紫微斗數來探討人際關係。希望能夠解釋我們內心深處某些隱藏的自我，讓有些人有機會走出心中負面，改變自我，改變人際關係，進而改變命運。

▼幾種人際關係

我們一生中，可能有下列幾種朋友：

※知己

跟自己無話不說。分享心事，樂意爲對方付出，不求回報。

基本上，任何星曜坐命宮，都可以因爲自己眞誠，外加有緣，而有知己（請參考〈我們都是有緣人〉章節），只是因爲時空變化，不一定能夠長久。

※一般的朋友

雖有緣，也常有機會相見，但並非樣樣心事都分享。有幾種可能：

❶當事人沒有把心打開，或是沒機會多認識對方。

❷彼此有某些利益衝突。

❸彼此命宮、交友宮中六煞星、化忌星多於其他吉星。

※惡友

惡友的定義是「交惡」，所以本來可能是知己或一般朋友。其原因來自：

❶互不相讓，互不相諒，互相忌妒。

❷沒機會互相了解或做良性溝通。

❸彼此命宮或交友宮皆有化忌星，連續數個大運或流年亦如此。

※網友（透過MSN與Email）

又分下列幾種：

❶任何星曜坐命的人，都可能成爲網友，不論是否已經認識或是否要見面。

這好比一般人交朋友，而其人際關係可參考第一章、第二章諸星的解釋。

❷覺得不見面可以讓自己的某些面貌無須呈現出來，因而有安全感的人，福德宮有七殺、破軍、貪狼星獨坐，或有地劫星搭配某些星曜化忌。

❸上網找人聊天，也希望有機會遇到有緣人，而且會刻意呈現自己的優點、特質，盡量讓對方喜歡自己（出自善意的），通常是命宮或大運、流年、流月有紫微星化科、武曲星化祿、廉貞星或廉貞星化祿。如果自己誠心誠意，但是結交網友失敗，可能是彼此皆遇到太陽、太陰落陷化忌、地劫、地空星，以及化忌星。

❹自然認識（例如在留言版、聊天室自然相遇），為某些問題交換意見，互相提供資訊，並沒有想到「要不要見面」的問題。即使不連絡也無妨，與本來隨緣的個性有關，或是天同、天機、天府、天相星坐命，或是大運、流年、流月、命宮、福德宮、遷移宮有化祿星。如果對方與自己看法一樣，也許雙方的星曜皆類似，稱得上以「心靈相通」的有緣人。

❺被網友設計、欺騙、作弄、陷害，諸如信箱被寄爆，散發不實消息，收到惡友的病毒等，與六煞星以及諸星化忌有直接關係。大致如下：

•太陽星化忌：還沒弄清楚是怎麼回事，就被人耍了，作掉了（太陽星落陷又化忌最嚴重）。即使交往，也被欺騙，遇其他星曜化忌時最嚴重。

•太陰星化忌：有類似太陽星化忌的現象，但是有些較敏感的人，可能事先有預感、直覺，但一面跟自己說「不會吧！」一面開信箱，或是跟某人交往，以同時遇到太陽化忌，巨門化忌時最嚴重，有時因此心情連續低潮。

•廉貞星化忌：易有感情上的失望或傷痛。在互相交換醫藥或化妝品訊息時，宜多加謹慎。

•巨門星化忌：頗易引起誤會、是非，宜少談第三者的事情，傳遞消息時亦宜盡量正確，或也可能與網友爭吵，與太陽、太陰、天機星化忌相遇時最嚴重。

•天機星化忌：有些意想不到的，例如當機、失信、驚嚇之類的事情發生，與太陽、太陰、巨門星六煞星相遇時最嚴重（以上係以不見面的網友為標準）。

• 文曲星化忌：因言語不恰當而傷感情，網路戀情出現阻礙。不宜與網友有金錢、契約往來。個人也宜注意網路理財，尤其巨門、太陽、太陰星化忌時，容易有口說不清。

• 文昌星化忌：跟網友互寄資訊時，文字、數字上宜謹慎，或是當機，或是寫錯、寄丟，遇其他星曜化忌，尤其巨門、太陽、太陰星化忌又逢六煞星時，容易有口說不清。

• 武曲星化忌：跟網友嘔氣，或因此不往來。加遇六煞星，亦不宜有錢財往來，甚或也不宜合作事業、交換資訊。

• 貪狼星化忌：跟網友不宜特別安排相聚、見面，或是進一步發展。

※ Home Party

有下列幾種類別：

❶如果流年、流月、流日，命宮、福德宮、交友宮逢六煞星、化忌星時（尤其六煞星、化忌星大量相遇），在Home Party交友宜格外謹慎，也宜慎選Home

Party的性質。

❷只是好奇參加party，也宜參考前述第一項說明。

❸流月或流日命宮、福德宮、交友宮有大量六吉星、化祿、化權、化科星會照，沒有化忌星，甚少六煞星時，參加正當的、自己可以掌控的Party，或心情愉快，或易交到好朋友。

※單戀

有兩種現象：

❶太陽、太陰星落陷或化忌，或是不敢表白，或是表白之後對方拒絕。

❷諸星化忌，或是落陷的天府、天相、陀羅、鈴星、紫微星，通常不敢表白。

※離婚或分手以後

又分下列幾種狀況：

❶彼此不往來。心裡眞正忘掉對方（請參照〈我們都是有緣人〉章節）。

❷夫妻宮、福德宮有化忌星、六煞星，大運、流年亦遇到相同星曜化忌，離婚後也許彼此不再往來。一提起對方就不愉快，甚至引發暫時情緒失調（例如憂鬱症），但是流年、流月、流日逢福德宮或命宮三方有左輔、右弼、天魁、天鉞、化祿、化權、化科時會轉好些。

▼我們都是有緣人

我們一生，因著時空變化，會與兄弟姐妹、父母、情人、配偶、子女、同學、同事，有不同的互動，可以用星曜來解釋人與人之間的互動，並以大運流年來搭配時間上的變化，以下我們將分為兩部份來討論。

人與人之間的緣份，可以用下列幾種來探討（請參考附錄表一至表十二）。

命盤之間的關係

本書附錄的表一到表十二，其中表一與表七、表二與表八，表三與表九、表四與表十、表五與表十一、表六與表十二各為一組。

※最有緣

同樣命盤又同樣宮位，或是同在命宮三方。例如彼此都是表九，同是巨門坐亥宮，這種狀況很類似雙胞胎，很容易建立默契，遇到問題也可開誠佈公的探討，能夠真心為對方著想；或是某人巨門坐亥宮，另一人是天同坐卯宮，亥宮的巨門與卯宮的天同互為三方，也有類似前述的人際默契，可以成為知己，談戀愛或婚姻都比較順利美滿。

※相遇就是有緣

如果是同組的命盤都非常有緣，容易成為同事同學，以表二與表八為例，如果是同樣命宮坐在丑宮，那麼表二是紫微破軍坐命宮，表八是天相坐命，雖然命宮星曜不同，但是表二與表八兩張命盤互為表裡，可以視為一體，好像是天魁與天鉞，左輔與右弼一般，當表二的紫微、破軍二星碰到表八的天相星，可以互相幫忙，惺惺相惜，同心協力。

※格局上的有緣

有好命盤格局的人，通常也帶動好的表現或社會地位，互相覺得彼此門當戶對。例如明珠出海格遇到石中隱玉格，會覺得彼此相遇是榮幸，也會覺得能爲對方增添光輝。

※相同星系的有緣

附錄的表一與表七、表三與表九、表五與表十一，可列爲同一夥。表二與表八、表四與表十、表六與表十二也可列爲同一夥。這六張也是有緣的盤，但是以命宮同爲同一系列星曜爲原則，例如表七命宮在卯，爲太陽天梁二星，與表九的命宮在巳太陽坐命，太陽與天梁同爲第二系列星的星曜，較爲有緣，初見面容易互有好感，或是覺得對方爲同類人，或覺得他可以聽的懂我說話，因此也比較容易溝通。

※相同經驗的有緣

如同「最有緣」的狀況，同為一張命盤，如同為表八，但是命宮星曜不在同一系列，例如某人命宮在卯武曲七殺坐命，另一人命宮在午宮天機星坐命，可能經歷相同的過程，例如同組工作，同團旅遊，同學同事，以至於生活中有些事情相互交集。因為共同面對而有話題。

※相似就有緣

命盤類似，命宮星曜相同，例如表七武曲天相坐命，與表十一武曲、天府坐命，都有武曲星，而同宮的天府、天相星也互會照，也許不一定是家人、同事、同學，但只要有機會認識，就容易有良性互動。

※互補式的有緣

同一張命盤的相連宮位，例如同為表三，一人命宮在申，七殺星坐命，一人命宮在酉，天同星坐命，儘管不在互相的三方之內，但是有機會共同經過相同的大運流年，可以互相為對方的鏡子，比方說七殺星積極，但也可能會覺得需要給自己一些放鬆的機會，天同星比較在意生活品質，懂得放鬆，但也會有一天覺得自己需要更積極些，也許二者會有不打不相識的過程，但是也可以從對方身上學到經驗。

星曜之間的關係

※在命盤裏固定會照的星曜都彼此有緣，分為下面幾組：

❶紫微、武曲、廉貞：這三顆星共同表現自我，彼此相遇可以互相鼓勵加分。

❷七殺、破軍、貪狼：這三顆星在一起代表變動與創造，外加行動力。三顆星各司其職，又互有交集，所以彼此相遇會容易集體行動或有話可說。

❸天府、天相：這兩顆星都穩重平衡，這兩顆星相遇可以互相調適對方。

❹天機、天同：這兩顆星都懂得隨緣，彼此相遇可以鼓勵。

❺太陰、天梁：都很有韌性，以及了解等待與關懷的意義，可以互相支持。

※不同系列的星曜，會出現於對方的交友宮內。

例如，第一系列星曜坐命者，其交友宮星曜就是第二系列星曜。雖不同星系，但是可以從對方身上學到很多，也容易得到朋友客觀建議，成為知己的機會亦大。

※互相會照的六吉星與六煞星，化祿星、化權星、化科星，祿存與天馬。關係如下：

• 六吉星：

❶容易覺得對方做人做事都很漂亮。

❷直覺對方可以幫助自己。

❸彼此命宮中有文昌、文曲的人，特別容易被對方吸引。

• 六煞星：

❶會互相覺得對方很酷或懂得欣賞彼此的特質。

❷可以互相傾訴曾經有過的傷心事。

• 化祿、化權、化科：

❶命宮中有化祿與化權的人，遇到命宮中有化科的人，容易相互吸引。

❷命宮中有化祿與化科的人，遇到化祿的人，例如廉貞星化祿坐到命宮三方，遇到命宮或三方為巨門星或化祿的人，可以互通各種好康的消息，共同促進某些事情順利進展，不太容易記恨，亦可幫助對方整理負面情緒。

❸當化權星遇與化權星，例如破軍星化權遇到巨門星化權，能夠彼此肯定對方，互增勇氣。

❹化科遇到化科，可以大家開開心心一起學習，或是以學習的角度來面對人生的困難。

❺化祿加化權，化祿提供對方機會，化權提供肯定與勇氣。

❻化權與化科，帶著信心希望創意共同努力。

• 祿存與天馬：祿存與天馬相遇，可以有共生利益，或是提起勁來一起工作。

六吉星、化祿星、化權星、化科星、祿存與天馬的大集合，假設某個團體，每個人都有上述星曜一顆或數顆，多能有求好的心並且能夠開心快樂的共事。

當六吉星遇上六煞星，再遇到四化星還有祿存、天馬星，就形成一場多采多姿的盛會，一起打拚，一起面對困難，有悲傷有歡喜，各種人性正負面都會顯露出來，包括互相鼓勵與扶持，以及忌妒、扯後腿，猶如你我共處的社會，所不同的是上述星曜全員到齊，如果同時還有某些人有好的命盤格局，那麼屬於這個團體的高知名度、高成就是可以預期的。

以上所說明的，適用於家人、朋友、同事、同學、師長、父母子女、戀人、夫妻等各種人際關係，但特別聲明的是，有緣人是個性、想法相容，或易在同一地點相見，或因同一事件合作。並不一定表示合夥作生意會賺錢，合作事業一定作功，婚姻不會失敗。但卻可以因為彼此的互相體諒，學習成長。

▼與自我徜徉——由另一個角度探索自他關係

最後，我們爲這本書做一個總結。

最理想的人際關係是：

❶自己的互動清楚，也不做錯誤的投射。

❷了解想法會造成個性，個性會帶動行爲模式的道理，也很清楚其進行與變化的過程。

❸能夠跟自己保持暢通。

❹了解別人說的每句話是否眞實，或是有某些投射，或在說反話。可以包容對方，甚至客觀委婉的提醒對方，或在溝通時，直接跳過其投射，客觀委婉的提醒對方。

❺願意、懂得、能夠去善待、關懷、幫助、祝福自己以及他人。

這可以由第一念表達以及表達方式來解說。

※從第一念到表達

我們通常以第一個心裡升起來的念頭（或說想法）為第一念。念頭如果只是放在心裡，就是沒有表達。如果說出來，是語言上的表達，或假使做出來，是行為上的表達。

先舉一個例子說明：

在公園裡看到百合花，覺得「好漂亮」，好漂亮是第一念。第二念是，「我要多看一會兒」。如果停下來看，就是將第二念表達出來，這是行為上的表達。

如果第二念是：想打電話給朋友，說：「我看到公園裡有百合花，很少見喔！」並且真的打電話，是行為加上語言的表達。

再舉第二個例子說明：

例如，某甲看到某乙穿著新衣服，第一念是：「不太適合他」。第二念是：「你穿新衣服啊！哪裡買的」。並以言語表達第二念。

第一個例子中，從心中所想的到表達出來，是直接的、沒有拐彎的，這對當事人而言，也是表現出暢通的，於命運有下列基本顯現：

❶具有繼續暢通的基本條件。

❷使當事人心情平穩，也因此較有應付渡過變化的動力。

❸使當事人心安理得。

❹基於以上三項，具有好命與運氣的基因。運用於人際關係，除了自己心安理得，也容易使對方覺得：「這是個誠實、平穩，或是友善」的人，因而具有良好的人際關係的基因。或帶動其他各種事業、錢財機會。

至於第二個例子，由心內到外在言行，並不是直接暢通的，原本覺得「不適合」，變成「在哪裡買的」，於命運有下列基本顯現：

❶因爲當事人沒有正面對待第一念，所以不夠暢通。如果習以爲常，在命運中容易引申爲：「不能直接實現自我」。

❷於人際關係的引申，則是「我沒有跟他說眞心話」，有時或有下列現象：

a.因爲自己沒有說眞心話，投射於對方，或也會認爲別人沒對自己說眞心話，或不確定對方是否眞誠。

b.因爲物以類聚，也容易遇到一些習慣不正面對待自己第一念，或是不知道宜面對自己第一念的人。

事實上，從第一念到表達，我們不一定能時時眞誠，永遠暢通，有時不免要說善意的謊言，或是不自覺的跳過第一念，因此「很清楚的知道自己每個念頭」，並且轉爲善念，是重要關鍵。

我們改善一下第二個例子來解說。

某甲看到某乙，第一念是：不適合他，很醜。如果心中再起第二念：適不適合他，是我的看法，他覺得好看，我也跟著歡喜。第三念是：「穿新衣服啊！哪裡買的」，並以言語表達出來。

如果這樣調整，對於命運有下列基本顯現：

❶具有繼續暢通的基本條件。

❷使當事人心情平穩，而且有面對負面情緒，波折變化，使之轉爲正面基本

能力。

❸使當事人心安理得，培養替人設想的善意。更進一步自己也看清自己的心態。

❹基於以上三項，具有因瞭解自己而改變心態，進而影響外在環境的基因。運用於人際關係，易使人無形感受到：「這是個願意替人設想、誠實、沒有惡念的人」，因此也是有良好人際關係的基因。

不過，嚴格來說，眞正的第一念是無念的。無念不是「發呆」，不是腦袋空空的，什麼也不知道。

無念是一種清明的，清楚的狀態。前面的念頭出來了，下一個念頭還未升起。這時，是具有完全的創造空間，以及無限的可能。我們若能時時安住於無念，就可以讓自己有轉換原有負面想法的機會，也能夠以正面的心念去創造未來命運，那其實是隨時在因自己的需要給自己關懷與照顧，也因爲自我的通暢、滿足、安定與平靜，跟自己成爲最親密、要好的朋友。發現與自我徜徉，其實也能與他人、天地共徜徉。那眞人生是樂事！

附錄

太陰陷 巳	貪狼旺 午	天同陷 巨門陷 未	武曲平 天相廟 申
天府廟 廉貞旺 辰	紫微在子宮		太陽閑 天梁地 酉
卯			七殺廟 戌
破軍陷 寅	丑	紫微平 子	天機平 亥

（表 一）

廉貞 陷 貪狼 陷 巳	巨門 旺 午	天相 閑 未	天同 旺 天梁 陷 申
太陰 陷 辰	紫微在丑宮		武曲 旺 七殺 閑 酉
天府 平 卯			太陽 陷 戌
寅	紫微 廟 破軍 旺 丑	天機 廟 子	亥

（表　二）

巨門平 巳	廉貞平 天相旺 午	天梁旺 未	七殺廟 申
貪狼廟 辰	紫微在寅宮		天同平 酉
太陰陷 卯			武曲廟 戌
紫微廟 天府廟 寅	天機陷 丑	破軍廟 子	太陰陷 亥

（表　三）

天相平 巳	天梁廟 午	廉貞廟 七殺旺 未	申
巨門平 辰	紫微在卯宮		酉
紫微旺 貪狼地 卯			天同平 戌
天機旺 太陰閑 寅	天府廟 丑	太陽陷 子	武曲平 破軍平 亥

（表　四）

天梁陷 巳	七殺旺 午	未	廉貞廟 申
紫微陷 天相旺 辰	紫微在辰宮		酉
天機旺 巨門廟 卯			破軍旺 戌
貪狼平 寅	太陽陷 太陰廟 丑	武曲旺 天府廟 子	天同廟 亥

（表　五）

紫微 旺 七殺 平 巳	午	未	申
天機 旺 天梁 廟 辰	紫微在巳宮		廉貞 平 破軍 陷 酉
天相 陷 卯			戌
太陽 旺 巨門 廟 寅	武曲 廟 貪狼 廟 丑	天同 旺 太陰 廟 子	天府 旺 亥

（表　六）

天機 平 巳	紫微 廟 午	未	破軍 陷 申
七殺 旺 辰	紫微在午宮		酉
太陽 廟 天梁 廟 卯			廉貞 廟 天府 旺 戌
武曲 閑 天相 廟 寅	天同 陷 巨門 旺 丑	貪狼 旺 子	太陰 廟 亥

（表　七）

巳	天機廟 午	紫微廟 破軍廟 未	申
太陽旺 辰	紫微在未宮		天府陷 酉
武曲陷 七殺陷 卯			太陰旺 戌
天同閑 天梁廟 寅	天相廟 丑	巨門旺 子	廉貞陷 貪狼陷 亥

（表　八）

太陽 旺 巳	破軍 廟 午	天機 陷 未	紫微 旺 天府 平 申
武曲 廟 辰			太陰 旺 酉
	紫微在申宮		
天同 廟 卯			貪狼 廟 戌
七殺 廟 寅	天梁 旺 丑	廉貞 平 天相 廟 子	巨門 旺 亥

（表　九）

武曲平 破軍閑 巳	太陽廟 午	天府廟 未	天機平 太陰平 申
天同平 辰	紫微在酉宮		紫微平 貪狼平 酉
卯			巨門旺 戌
寅	廉貞利 七殺廟 丑	天梁廟 子	天相平 亥

（表　十）

天同 廟 巳	天府 旺 武曲 旺 午	太陽 平 太陰 平 未	貪狼 平 申
破軍 旺 辰	紫微在戌宮		天機 旺 巨門 廟 酉
卯			紫微 閑 天相 閑 戌
廉貞 廟 寅	丑	七殺 旺 子	天梁 陷 亥

（表十一）

天府平 巳	天同陷 太陰陷 午	武曲廟 貪狼廟 未	太陽閑 巨門廟 申
辰	紫微在亥宮		天相陷 酉
廉貞平 破軍旺 卯			天機廟 天梁旺 戌
寅	丑	子	紫微旺 七殺平 亥

（表十二）

命理與人生 ⑬⓪

我們都是有緣人——紫微斗數看交友宮

作　　者—慧心齋主
主　　編—心岱
編　　輯—陳怡君
美術編輯—高鶴倫
校　　對—陳怡君
執行企劃—王嘉琳
董 事 長
總 經 理—趙政岷
總 編 輯—余宜芳
出 版 者—時報文化出版企業股份有限公司
10803台北市和平西路三段二四〇號四樓
客服專線—（〇二）二三〇六—六八四二
讀者服務專線—〇八〇〇—二三一—七〇五・（〇二）二三〇四—七一〇三
讀者服務傳眞—（〇二）二三〇四—六八五八
郵撥—一九三四四七二四時報文化出版公司
信箱—台北郵政七九～九九信箱
時報悅讀網—http://www.readingtimes.com.tw
電子郵件信箱—ctliving@readingtimes.com.tw
法律顧問—理律法律事務所　陳長文律師、李念祖律師
印　　刷—盈昌印刷有限公司
初版一刷—二〇〇五年九月十二日
初版二刷—二〇一七年九月十三日
定　　價—新台幣二五〇元
（缺頁或破損的書，請寄回更換）

⊙行時報文化出版公司成立於一九七五年，
並於一九九九年股票上櫃公開發行，於二〇〇八年脫離中時集團非屬旺中，
以「尊重智慧與創意的文化事業」爲信念。

國家圖書館出版品預行編目資料

我們都是有緣人：紫微斗數看交友宮 / 慧心齋主著. -- 初版. -- 臺北市：時報文化, 2005[民94]
面； 公分. -- (命理與人生；130)

ISBN 957-13-4365-X(平裝)

1. 命書

293.1　　94016242

ISBN 957-13-4365-X
Printed in Taiwan

編號： CB0130	書名： 我們都是有緣人
姓名：	性別：＿＿＿＿ 1.男 2.女
出生日期： 年 月 日	身份證字號：

＿＿＿＿ **學歷：** 1.小學 2.國 中 3.高中 4.大專 5.研究所（含以上）

＿＿＿＿ **職業：** 1.學生 2.公務（含軍警） 3.家管 4.服務 5.金融 6.製造 7.資訊 8.大眾傳播 9.自由業 10.農漁牧 11.退休 12.其他

地址： ＿＿＿＿ 縣（市） ＿＿＿＿ 鄉鎮區 ＿＿＿＿ 村 ＿＿＿＿ 里

＿＿＿ 鄰 ＿＿＿＿ 路（街） ＿＿ 段 ＿＿ 巷 ＿＿ 弄 ＿＿ 號 ＿＿ 樓

郵遞區號 ＿＿＿＿＿＿

（下列資料請以數字填在每題前之空格處）

＿＿＿ **購書地點／**
1.書店 2.書展 3.書報攤 4.郵購 5.直銷 6.贈閱 7.其他 ＿＿＿＿

＿＿＿ **您從哪裡得知本書／**
1.書店 2.報紙廣告 3.報紙專欄 4.雜誌廣告 5.親友介紹
6.DM廣告傳單 7.其他 ＿＿＿＿

＿＿＿ **您希望我們爲您出版哪一類的命理作品／**
1.紫微斗數 2.八字 3.風水 4.手相面相
5.西洋占星 6.易經八卦 7.其他 ＿＿＿＿

＿＿＿ **您對本書的意見／**
內容／1.滿意 2.尚可 3.應改進
編輯／1.滿意 2.尚可 3.應改進
封面設計／1.滿意 2.尚可 3.應改進
校對／1.滿意 2.尚可 3.應改進
定價／1.偏低 2.適中 3.偏高

您希望我們爲您出版哪一位作者的作品／

＿＿＿＿＿＿＿＿＿＿＿＿＿＿＿＿＿＿＿＿

您的建議／

＿＿＿＿＿＿＿＿＿＿＿＿＿＿＿＿＿＿＿＿

＿＿＿＿＿＿＿＿＿＿＿＿＿＿＿＿＿＿＿＿

請沿虛線摺下裝訂，謝謝！

廣	告	回	信
台北郵局登記證			
台北廣字第2218號			

時報出版
CHINA TIMES PUBLISHING COMPANY
尊重智慧與創意的文化事業

地址：10803台北市和平西路三段240號4樓
讀者服務專線：0800-231-705・(02)2304-7103
讀者服務傳眞：(02)2304-6858
郵撥：19344724 時報文化出版公司

請寄回這張服務卡（免貼郵票），您可以——
●隨時收到最新消息。
●參加專為您設計的各項回饋優惠活動。

命

命理與人生

滿足您對多彩人生的好奇

寄回本卡，掌握命理與人生的最新出版訊息。